Trompeuse gentillesse, Christian Bourgois, 1986.

Les deux cœurs de Bloomsbury

Angelica Garnett

Les deux cœurs de Bloomsbury

*Traduit de l'anglais
par Michèle Hechter*

(traduction revue par l'auteur)

La préface à l'édition française a été traduite par Nicolas Carpentiers.

L'Éditeur remercie Elisabeth Danger pour sa contribution décisive dans la mise au point et la publication de ce volume.

Projet graphique :
Pier Luigi Cerri.

Document de couverture :
Ducan Grant, *Autoportrait au turban*, vers 1919 (détail).
Charleston Trust, Lewes (Grande-Bretagne). Photo David Pardoe.

Titre original : THE ETERNAL MOMENT

Préface à l'édition française

Rédigés au cours des dix ou quinze dernières années, ces essais ont été écrits à des fins et dans des circonstances très diverses, tantôt à la demande d'un musée exposant les œuvres de mes parents, tantôt sur la suggestion d'un magazine comme Modern Painters, *tantôt encore à l'invitation d'un éditeur préparant un recueil d'articles sur le sujet. Évoquant souvent les mêmes figures, se répétant parfois, ces écrits n'étaient pas destinés à être rassemblés en volume. C'est pourtant ce qui s'est produit, et j'espère simplement qu'ils atténueront quelque peu l'amertume qui avait inspiré mon précédent ouvrage,* Deceived with Kindness, *traduit en français sous le titre* Trompeuse gentillesse.*

J'ai eu le privilège d'être la fille de l'un des principaux couples de Bloomsbury, puisque mes parents étaient Vanessa Bell et Duncan Grant, tous deux peintres et moins connus en France que les écrivains du groupe. Ma mère disait qu'à son avis le « vieux » Bloomsbury, la quintessence du groupe, n'avait existé que pendant quelques mois en 1906. Bien que je sois, à proprement parler, « de » Bloomsbury, je ne peux donc prétendre en avoir fait partie et si je peux apporter un témoignage, il ne concerne que l'époque où la plupart de ses membres avaient déjà atteint un certain âge. Je suis aussi ignorante que quiconque sur ce que l'on pouvait ressentir quand on était jeune, hautement critique et rebelle dans le monde tel qu'il était alors, puisque je ne suis née qu'en 1918.

À cette époque, Bloomsbury était arrivé à maturité. Maynard Keynes avait écrit Les conséquences économiques de la paix,

Virginia Woolf avait publié deux romans, mon père Duncan Grant était tenu pour l'un des peintres les plus intéressants de sa génération, et ma mère, plus réservée, était vraisemblablement reconnue pour ce qu'elle était : une femme superbe, originale et douée, archétype féminin autour duquel Bloomsbury se rassemblait et contre lequel il se rebellait parfois. Mon beau-père, Clive Bell, exerçait ses talents dans la critique d'art, avec perspicacité et influence. Roger Fry, enfin, l'aîné pour lequel nous avions tous beaucoup d'affection, était non seulement le premier critique et amateur d'art anglais mais également le lien culturel le plus vivant qui nous reliait à la France.

Même si nous étions incontestablement anglais, une part de nous-mêmes désirait en effet être française. De l'art à la gastronomie, ma mère s'enchantait de tout ce qui était français, et cet engouement était encouragé par Roger Fry qui, par sa connaissance et son expérience, jouait le rôle de pionnier enthousiaste, de lien naturel entre deux cultures séparées et néanmoins unies.

Ce ne furent toutefois ni Roger Fry ni mes parents qui s'engagèrent définitivement dans la vie française, mais Dorothy Strachey, plus âgée et extérieure à Bloomsbury. En épousant le peintre Simon Bussy, elle passa beaucoup de temps en France et côtoya les artistes et intellectuels français qui, d'André Gide à Henri Matisse, formaient alors un groupe comparable à celui de Bloomsbury, moins soudé sans doute mais préoccupé des mêmes questions.

Les deux branches de ma famille maternelle, les Stephen et les Jackson, connaissaient bien les Strachey, dont certains membres avaient aussi fait carrière en Inde, de sorte que le frère de Dorothy, Lytton, prit naturellement place au centre de Bloomsbury, autour duquel gravitait également son cousin Duncan Grant. Il paraissait évident que l'amitié entre tous ces jeunes gens se poursuivrait jusqu'à ce que la mort les séparât.

Cependant, Bloomsbury n'était pas simplement une histoire de famille mais bien la découverte d'affinités électives entre quelques étudiants de Cambridge, dont certains avaient des origines radicalement différentes de celles des Stephen, Strachey, Grant ou Fry. Clive Bell était l'un de ceux-là : élevé comme un gentilhomme campagnard, il chassait à courre et tirait chaque année le cerf et la grouse en Écosse, mais il se passionnait aussi pour les arts plastiques et connaissait bien la littérature anglaise et française. À la différence de tous ses amis, il avait vécu quelque temps en marge des milieux artistiques à Paris et y avait acquis une expérience sexuelle qui renforçait encore son charme. Si Clive n'avait pas rencontré le frère de Vanessa, Thoby, à Cambridge, il ne serait probablement jamais devenu membre de Bloomsbury. Il tomba amoureux de Vanessa, l'épousa et eut deux fils : mes demi-frères Julian (1908-1937) et Quentin (1910-1996). Mais Clive était un incorrigible coureur de jupons et le mariage ne dura pas longtemps. Quant à Vanessa, après une intense et féconde histoire d'amour avec Roger Fry, elle s'éprit de mon père, Duncan Grant, un homosexuel avéré.

Avec le temps, les idées évoluèrent, les relations changèrent, et le groupe accueillit de nouveaux amis et amants qui, trop jeunes selon Vanessa pour être comptés au nombre des « véritables » membres de Bloomsbury, ne pouvaient pour autant être négligés, en raison de leurs convictions idéologiques ou de leurs attaches affectives. Le plus proche de ces nouveaux arrivants était peut-être David Garnett, devenu plus tard mon mari, qui fit le lien entre le Bloomsbury de 1916 et celui de 1940. C'était un homme au caractère contrasté, à la fois emporté et égoïste, chaleureux et généreux. À ses yeux, la vie prenait le pas sur l'art, et c'était l'une des raisons pour lesquelles je le trouvais attirant. Ses histoires me fascinaient, j'étais séduite par la chaleur de ses sentiments, différents de tous ceux que j'avais pu connaître jusqu'alors. Il n'écrivait pas par vocation, mais gagnait néanmoins sa vie comme journaliste et publia un livre remarquable, Lady into Fox, ainsi que plusieurs histoires délicieuses.

En 1916, David et Duncan, qui étaient amants, se déclarèrent objecteurs de conscience et furent contraints, selon la loi, de cultiver la terre. Lorsque Virginia, qui se promenait dans la région des Downs, découvrit la ferme vide de Charleston, Duncan, Vanessa et ses enfants, ainsi que David, vinrent s'y installer. Accompagnés de domestiques, d'une gouvernante et d'un chien, ils formaient une famille hétérogène, qui survécut aux épreuves que la guerre leur fit endurer jusqu'à ma naissance, le jour de Noël 1918. Même si Vanessa et Duncan retournèrent à Londres lorsque la paix fut signée, Charleston continua à occuper une place importante dans nos vies et abrita les jours bénis de mon enfance.

Située au pied de la colline dite de Firle Beacon, la maison, dénuée de toute prétention architecturale, dégageait paix et tranquillité. C'était une ferme typique du Sussex, avec son toit en tuiles, ses murs de pierre et de brique, son jardin clos et son grand étang bordé par un verger et un ample saule. La maison comptait de nombreuses pièces, de plafond bas, éclairées de l'extérieur par de petits carreaux. Stimulés par la nudité des murs, Duncan et Vanessa les peignirent avec des couleurs dignes de Gauguin et des motifs d'une fraîcheur et d'une spontanéité inconnues jusqu'alors dans la décoration d'intérieur anglaise. Entre les deux guerres, ils continuèrent à accumuler toutes sortes de tissus et de meubles peints, pour finalement créer une maison à nulle autre pareille. Si ce perpétuel aménagement formait comme l'arrière-plan de nos vies, l'ambiance du logis demeurait calme, lumineuse et accueillante.

Dans ce cadre, Vanessa avait organisé une vie libre et agréable qui nous comblait tous. Le bon sens était certes son fort, mais il s'agissait chez elle d'un bon sens gouverné par un goût infaillible pour le beau ainsi qu'un inépuisable sens de l'humour. Ses sympathies paraissaient à certains étroites et ses critiques sévères, et il est vrai qu'elle choisissait soigneusement ses fréquentations. Mais sans elle, la ferme de Charleston, et tout ce qu'elle représentait pour nous, n'aurait pu exister.

Les moments douloureux ne nous furent cependant pas épargnés avec la mort de Lytton Strachey et de son amie intime, Dora Carrington, en 1932, et celle de Roger Fry un an plus tard. Les années trente étaient alors de plus en plus assombries par la menace d'un prochain conflit, comme par la guerre d'Espagne, qui introduisit la tragédie dans notre propre famille. Nous ressemblions à des acteurs jouant le dernier acte avant la chute du rideau. À peine le drame suivant avait-il commencé que Virginia se suicida : l'interlude doré était bel et bien terminé

Bien que Leonard, Vanessa et bien d'autres membres de Bloomsbury aient vécu encore longtemps après la guerre, le temps était venu pour la nouvelle génération de prendre la relève, ce que Vanessa accepta pleinement en se réjouissant de l'arrivée de ses petits-enfants. C'est en 1961, à l'âge de quatre-vingt-un ans, que cette vieille dame d'une sagesse et d'une dignité immenses disparut, emportant avec elle la poésie de toute une vie. Bien que bouleversé, mon père continua à vivre à Charleston, et à peindre, avant de mourir en 1978. Mais leur demeure, conservée avec une admirable sensibilité, perpétue leur souvenir en faisant entendre sa propre mélodie, assourdie mais souveraine, et offre au visiteur qui se donne la peine d'ouvrir les yeux la possibilité de découvrir la manière dont nous vivions alors.

Le passage du temps

Écrire sur le passé n'est pas la même chose que d'y penser puisque, si l'on ne peut écrire sans penser, l'inverse est évidemment possible, et je crains de le faire trop souvent. Confrontée à l'écriture, je dois, bien sûr, plonger dans ce puits profond creusé au fond de l'être, dans ce lac obscur d'une nébuleuse contrée. On cherche des reflets et, comme Narcisse, on ne trouve généralement que le sien, qui vous regarde avec une expression à peine reconnaissable et vous fait signe, depuis les profondeurs, distordu par le passage du temps.

Dans la mesure où je me vois maintenant comme ayant été singulièrement peu consciente de l'image que je donnais, et tout aussi oublieuse des efforts d'autrui pour communiquer avec moi, qu'est-ce donc que j'essaie de me rappeler ? Jusqu'à quel point ces souvenirs correspondent-ils à une quelconque vérité ? Jusqu'où faut-il me faire confiance ? Faudrait-il mettre en question l'idée même d'une vérité de cette sorte ?

Je sais que ma mémoire n'est pas factuellement fiable : elle est subjective, souvent obscurcie par des partis pris ou par des sentiments égocentriques, désireuse aussi d'exprimer avec ce passé qui est le mien une communion si subtile qu'elle échappe aux mots. Il y a là une contradiction et je me demande quelle valeur peuvent avoir des souvenirs nés d'un tel brassage. Les faits sont essentiels, c'est indubitable. Leur existence, leur reconnaissance, plutôt, peut changer la nature même de nos sentiments. Si l'on découvre après coup qu'une personne que l'on a crue présente était en fait absente ou vice versa, il faut revoir toute l'interprétation de la scène ou de l'événement, la repasser au tamis, la mixer de nouveau, comme une sauce dans laquelle on a oublié le jus de citron ou laissé des grumeaux, et ce filtrage est sans doute la partie la plus importante de l'opération. Il joue probablement son rôle dans cette lente accumulation de bribes de savoir qui permettent de penser, au soir de la vie, que l'on commence à se connaître.

Mais personne ne saura jamais jusqu'à quel point cette connaissance est complète et, bien que nous seuls y attachions de l'importance, nous ne le saurons jamais non plus. De toutes les façons, rien n'est jamais définitif. Les images qui viennent à l'esprit sont des images liées au temps, par exemple grimper à une échelle, escalader une montagne, ou, dans les moments d'euphorie, s'élever comme un ballon d'air chaud dans la stratosphère inconnue. Ou encore des visions d'eau limpide coulant sur un fond de sédiments, des caves pleines de richesses cachées. On a besoin d'un espace-temps où grimper et engranger. Et finalement, comme la larve de la phrygane, on y gagne en volume, et même peut-être en poids.

Pourquoi vouloir être lourd ? Serait-ce parce qu'on ne l'est pas ? La lourdeur paraît indésirable mais le poids moral, estimable — pour moi, du moins, qui n'en ai jamais eu. Quand je pense à ceux parmi lesquels j'ai grandi, je crois qu'ils n'en avaient pas non plus. Vanessa avait une autorité — souvent gâtée par l'irruption du doute —, une présence sensible inégalables. L'autorité morale et Duncan, c'était comme les pôles nord et sud: inimaginables ensemble. Virginia était ou toute brillance ou toute mélancolie, quant à l'autorité de Clive, quand il l'exerçait, elle n'était pas morale. Celle de Roger Fry, non plus, me semble-t-il. La seule personne dotée d'une bonne dose de cette qualité, qui en paraissait même totalement imbibée, c'était Leonard, et si cela a pu gêner certains, dont Duncan, il est révélateur, pour lui et pour Bloomsbury, qu'ils soient restés intimement liés.

Je vois maintenant à quel point la famille a été pour moi une entité indiscutable, combien j'aurais été brisée si l'un de ses membres s'était éloigné ou — plus dévastateur encore — fâché assez sérieusement pour ne plus nous inviter ni nous rendre visite. Quand Virginia et Leonard venaient prendre le thé chez nous, notre vie ordinaire s'intensifiait: nous les accueillions avec des cris de joie sans jamais nous demander s'ils éprouvaient le même plaisir. Cela donnait à notre existence un rythme extraordinairement sécurisant, car ils venaient à Charleston et nous allions à Rodmell environ une fois par semaine. Ces relations privilégiées se poursuivaient pendant les hivers londoniens, le plus souvent dans l'appartement de Clive, à Gordon Square, où nous nous retrouvions pour dîner.

Clive avait le don de l'hospitalité et jouait bien son rôle, nous offrant instinctivement nos mets préférés: des pêches pour Vanessa, de la truite pour Virginia et du champagne pour tout le monde. Quand nous repartions, tard le soir, l'air était plein de fumée, celle des cigares de Virginia mêlée à celle des cigarettes françaises de Vanessa, des volutes évanescentes qui s'attardaient dans l'air stagnant, témoignages d'une soirée de plaisir, d'une vie fondée sur l'art de la communication.

I

Mes parents : Vanessa Bell et Duncan Grant

Pour moi, qui suis l'une de ses enfants, Bloomsbury a deux cœurs, battant en accord ou en opposition. L'un est le cœur littéraire, l'autre celui des peintres, dont j'étais le plus proche. Plus calme, moins tumultueux, il était aussi moins identifiable, et il est donc moins connu. C'est pourquoi j'ai choisi de parler de mes parents, Vanessa Bell et Duncan Grant, de leur relation sur les plans humain et artistique, qu'il est presque impossible de dissocier.

Si les Stephen[1] étaient des aristocrates de la Londres intellectuelle et littéraire, Duncan, quoique fils d'un cadet, appartenait à une ancienne famille enracinée dans la terre d'Écosse. Son cousin était un Laird et Duncan ne cachait pas qu'il était fier de ses ancêtres, maternels et paternels. Pour Bloomsbury, cependant, il était d'abord et avant tout un cousin des Strachey, son père étant le frère de Lady Strachey. Quand il fit son apparition sur la scène londonienne, c'est à ce titre qu'il fut accepté puisque, contrairement aux Stephen et à leurs amis, ce n'était pas un universitaire et que ses parents, ayant passé la plus grande partie de leur vie en Orient, étaient de quasi-inconnus.

À première vue, pourtant, Duncan et les Strachey étaient à des années-lumière les uns des autres. Bien que Sir Richard Strachey eût occupé un poste administratif important sous

---

1. Le nom de famille de Vanessa. *(N.d.A.)*

l'Empire britannique et que plusieurs de ses enfants fussent allés travailler en Inde, aucun n'y avait, me semble-t-il, vécu dans leur jeunesse. Ils considéraient l'Inde d'un point de vue essentiellement politique alors que Duncan, élevé dans les bras d'une nounou orientale, son *ayah*, en avait une perception avant tout sensible et esthétique. N'ayant pas été formé par Lady Strachey, cette matriarche passionnée, il n'avait pas non plus appris à privilégier les valeurs de l'intellect. Envoyé à l'école, Duncan fit de la résistance passive, repoussa tout enseignement et refusa ensuite de tenir dans la société le rôle qu'on attendait de lui, adoptant celui du clown — une manière aimable mais inflexible de rejeter les conventions. D'après mon mari, David Garnett, les Strachey avaient tendance à le mépriser pour son manque de culture que leurs yeux de myopes confondaient avec un manque d'intelligence. C'était, pour Bloomsbury, un péché impardonnable, et l'une des victoires de Duncan fut de parvenir, sans jamais faire étalage de ses capacités ni forcer son intelligence, à vaincre ces préjugés et à conquérir Bloomsbury.

Écossais jusque dans la moelle des os, doté de l'intuition du Celte, Duncan, pendant son enfance en Orient, avait aussi acquis ce détachement qui caractérise la mentalité orientale. Cette précoce empreinte sur une nature sensible au plus haut point devait se manifester avec encore plus de force à la fin de sa vie et lui donner l'air d'un yogi indifférent au monde. C'était un vrai visionnaire, mais pas un idéaliste romantique, du moins pas dans la vie quotidienne. Il était pétri de la sagesse et du bon sens écossais, ce qui implique l'acceptation de ses propres limites et de celles d'autrui. Son respect de la personnalité de chacun, sa certitude que tout le monde, à sa manière, fait de son mieux, lui donnaient un passeport pour entrer dans les faveurs de tous. Il n'était pas un perfectionniste et était plus enclin à rire du fait que personne n'atteint jamais le sommet de l'arbre qu'à condamner l'échec — point de vue qui doit aussi quelque chose à l'attitude orientale.

Il devint rapidement *persona grata* à Bloomsbury, où ses liaisons avec Lytton Strachey et avec le frère de Vanessa, Adrian, ne laissèrent aucun doute sur son homosexualité. Bien que négligé et sans le sou, Duncan était beau comme un Adonis, une de ses figures préférées qui finit par s'installer dans le jardin de Charleston sous la forme d'un nu grandeur nature en plâtre. Duncan n'était pas inconscient des effets de sa beauté sur les autres, mais il s'est toujours débrouillé pour qu'elle n'inhibe pas la liberté de ses rapports, et il était singulièrement dépourvu de vanité. Cette rare combinaison, sans parler de son envie de s'amuser, de sa disposition à faire confiance aux gens, lui ouvrit les portes d'un groupe de jeunes gens plutôt sur la défensive.

Après avoir quitté Kensington pour Bloomsbury, Vanessa fonda le Friday Club[1], où les peintres pouvaient non seulement voir les œuvres des uns et des autres, mais aussi se rencontrer ; c'est là qu'elle vit Duncan pour la première fois. Elle avait vingt-six ans et lui, à peine vingt. Leur rencontre évoque pour moi deux bateaux suivant leur route dans la nuit, sans échanger un signe de reconnaissance, qui se croiseraient plus tard dans la mer de Chine. Vanessa était sur le point de découvrir ce que la vie avait à lui offrir, et Duncan n'en faisait pas encore partie. Pour lui, elle était à la fois inaccessible et peu convaincante. À l'époque, elle avait très peu montré son travail et il dut se demander si elle était sérieuse, en tant que peintre — tant de jeunes femmes ne l'étaient pas et elle avait bien d'autres préoccupations...

Duncan, lui, était profondément sérieux, c'est-à-dire qu'il était prêt à travailler très dur. Non par ambition, mais par idéalisme. Il voulait indubitablement devenir le grand peintre qu'il se sentait appelé à être mais les richesses ou la reconnaissance ne l'intéressaient pas, et il se souciait comme d'une guigne de l'impression qu'il produisait sur les autres. S'il paraissait parfois disposé à jeter le sérieux par la fenêtre pour s'amuser, c'était en partie parce qu'il avait confiance dans son talent et

---

1. Vanessa créa le Friday Club en 1905 pour permettre aux peintres de se connaître et d'avoir à leur disposition une sorte de forum de rencontres et de discussions analogue à ce qu'elle avait vu dans les cafés parisiens. Après quelques expositions, le Friday Club commença à être tiraillé par des divergences d'opinions ; il cessa ses activités avant 1914. *(N.d.A.)*

qu'il pouvait se permettre d'en répandre un peu ici et là. Il savait qu'en tenant un tel fil, il ne pourrait jamais s'égarer bien loin.

Duncan, et Vanessa plus encore, avaient tous deux été élevés dans l'ombre de l'ère victorienne finissante et ils avaient tous deux refusé, ou cru refuser, les valeurs de leurs parents. Dans chaque cas, c'était un compromis, mais l'attitude était profondément différente : si Vanessa avait absorbé l'athéisme de son père et son absolu rationalisme, elle s'était sentie rejetée et l'avait donc rejeté — affectivement. Duncan, lui, continuait à aimer et à respecter ses parents tout en refusant de se plier à leur caractère conventionnel. Les réactions de chacun étaient caractéristiques. Vanessa était pour une grande part aveuglée par les préjugés tandis que Duncan, bien que passif, savait très clairement où finissaient ses résistances et où commençait son affection. Il pouvait se permettre d'être un amoureux des traditions sociales et artistiques alors que l'éducation sophistiquée de Vanessa lui imposait des devoirs plus exigeants et plus confus tout ensemble.

Durant les huit années qui s'écoulèrent entre leur première rencontre et le début de leur histoire d'amour (en gros, entre 1905 et 1913), il se passa beaucoup de choses pour Vanessa. Peu après avoir croisé Duncan au Friday Club, elle épousa Clive Bell, et il n'est pas incongru de se demander quelle était sa conception du mariage — la maternité mise à part. Il ne s'agissait pas, comme pour Virginia, de s'engager avec passion dans un compagnonnage intellectuel dont le succès reposait sur la loyauté mutuelle. C'était moins net, moins cristallin, moins réfléchi dans la mesure où, pour Vanessa, la question était compliquée par le désir d'un accomplissement sexuel.

Sa loyauté allait de soi, comme tant d'autres choses, et elle avait peu de goût pour les questions plus austères, éthiques ou psychologiques. Même si, avant leur mariage, elle grondait Clive pour son manque de sérieux, quelque chose dans le ton de sa voix suggérait une attitude maternelle mais sans rien d'inquisiteur. Elle ne se posait pas en égale, mais plutôt en sœur aînée, fâchée que son frère fasse l'école buissonnière. Si Virginia et Leonard, quand ils décidèrent de se marier, étaient un jeune couple préparé à se battre et à travailler côte à côte, Vanessa et Clive se conformaient davantage au modèle traditionnel du chevalier et de sa dame, lui, le galant éperdu d'admiration, elle, s'accommodant de l'idéal dit « féminin », soumise et souple d'un côté mais déterminée à agir à sa guise, de l'autre.

Vanessa n'avait jamais vraiment su ce que voulait dire *égalité*. Elle avait toujours assumé des charges d'aînée, elle avait toujours appartenu à l'élite et, surtout, elle avait l'impression de n'avoir jamais été vraiment aimée. Pourtant, poussée par l'extraordinaire générosité de sa nature, elle tenta de compenser ce sentiment mortifiant en assumant, vis-à-vis de son entourage, un degré de responsabilité qui n'aurait jamais dû être exigé d'elle. Trop jeune pour évaluer les dangers de cette situation, elle fuyait la dure réalité par le rêve, qui lui permettait de garder ses distances avec ses proches. Certes, elle prenait soin d'eux matériellement, mais elle s'intéressait peu à leurs besoins spirituels ; ils ne la laissaient pas indifférente, elle se sentait simplement impuissante à les satisfaire. Conséquence mineure mais significative de cette attitude, elle était toujours trop arrogante ou trop modeste, trop froide ou trop concernée. Son sens de la mesure, que Virginia a tellement loué, était en réalité fragile et incertain.

Au début, ces complications subtiles n'affectèrent pas Clive car il savait qu'il l'avait conquise sexuellement. Il était si centré sur lui-même qu'il ne pouvait s'embarrasser d'éléments subjectifs, du reste, les mystères de Vanessa ne faisaient que la rendre encore plus séduisante. En bon égoïste, il crut pouvoir faire ce qu'il voudrait et il lui fut infidèle, avec au moins une autre femme, dès le début de leur mariage. J'ai évoqué ailleurs le flirt de Clive et de Virginia, tout de suite après cet événement, et je ne me répéterai pas ici : ce fut une autre infidélité, quoique non sexuelle. En dix-huit mois de mariage, Clive avait fait subir à Vanessa des défaites sur deux fronts simultanément, l'un sensuel et l'autre intellectuel. L'admiration que Bloomsbury portait au XVIIIe siècle n'aurait pu être poussée plus loin. Même les personnages des *Liaisons dangereuses*, un des chefs-d'œuvre favoris de Clive, n'étaient pas aussi libertins.

Vanessa enfouit profondément ses sentiments et, qu'elle en ait eu conscience ou non, elle dut être affreusement tourmentée par la jalousie, surtout envers une sœur qu'elle chérissait. Poussée par sa noblesse de cœur naturelle, elle n'en parla jamais, autant qu'on puisse le savoir, ni à Virginia ni à Clive. De son point de vue, comme du leur, ce fut une erreur charitable mais fatale. Le poison qui s'était accumulé, comme le reconnut plus tard Virginia, créa entre elles une barrière qui ne se lèverait que dans les périodes d'angoisse, quand Vanessa serait au bout du rouleau. Même si son attachement aux valeurs de Bloomsbury la força à tolérer l'infidélité de Clive, l'échec de son mariage fut dès lors (c'est-à-dire, dès le début) inévitable.

Les lettres écrites par Vanessa à Clive prouvent qu'elle avait envers la vie une attitude qui, en dépit de sa sensibilité et de son humour, n'était passionnée que dans la sexualité. Ses idéaux, sa morale étaient pour ainsi dire inexistants, s'accordant aux circonstances selon ses besoins du moment d'une façon que ses amis qualifiaient de tolérante. Malgré sa troublante beauté féminine et son évidente sensibilité, ses réactions aux défaillances des autres étaient très critiques et — sauf accès compulsifs — plutôt impartiales. Bloomsbury la disait intransigeante quand elle était opiniâtre, et la déclarait d'une honnêteté dévastatrice quand, à l'occasion, elle se montrait indifférente. Elle se croyait l'épouse la plus moderne et la plus éclairée alors que son attitude n'était pas plus évoluée que celle de Jane Bennet dans *Orgueil et préjugés*.

Le fait le plus marquant de son mariage, cependant, ne fut pas l'infidélité mais la maternité[1]. Elle s'y absorba, et ses enfants l'accaparèrent plus qu'il n'est habituel. Son destin était d'être

---

1. Les deux fils de Vanessa et Clive, mes demi-frères Julian et Quentin, étaient plus vieux que moi de dix et huit ans ; ils ont connu un Bloomsbury plus authentique, parce que plus proche de ses débuts. Julian était un poète. Européen convaincu, très concerné par la politique, il s'engagea comme ambulancier de la Croix-Rouge pendant la guerre d'Espagne et fut tué. Quentin devint un historien d'art reconnu et un écrivain auquel on doit la première biographie de sa tante Virginia Woolf. Il était en outre céramiste, et un très spirituel illustrateur de textes littéraires pour enfants comme pour adultes. *(N.d.A.)*

mère, elle l'avait toujours senti et elle jugeait que c'était une phase nécessaire à son développement, une expérience indispensable pour toute femme. Évidemment, elle faisait une exception pour Virginia qui, elle, avait en quelque sorte choisi de devenir l'un des enfants de sa sœur. Pas un moment Vanessa ne pensa que la mère amoindrirait l'artiste : elle était, ou essayait d'être, les deux à la fois. Ce n'était pas une position rationnelle ou intellectuelle, découlant d'un ensemble de valeurs conscientes, ce n'était pas le résultat d'une analyse de sa situation artistique ou sociale. C'était ainsi, tout simplement, et il fallait donc l'assumer. Cette conviction lui donna la force de se partager entre ses enfants et sa peinture — schisme dont j'étais parfaitement consciente et que je n'aurais pas accepté aussi aisément si je n'avais senti qu'il était inévitable. À l'époque, bien sûr, c'était relativement plus facile : Vanessa avait de l'argent, des domestiques et, le plus grand des luxes, de l'espace — le monde était moins peuplé qu'aujourd'hui ! Bref, elle avait décidé de faire ce qu'elle voulait, ne voyant là qu'un désir sain et naturel qu'il était légitime, pour une femme, d'accomplir.

Clive aimait bien les enfants tant qu'ils restaient dans la nursery mais il n'était pas du tout prêt à changer ses habitudes pour eux. Ce serait pour plus tard, et en attendant il laissa tranquillement à Vanessa le soin d'organiser leurs juvéniles existences. Il donnait assez d'argent pour que la tâche ne fût pas trop dure, et s'octroyait par là même une agréable liberté. Vanessa mena donc une double vie, dévouée en partie à ses enfants, en partie à son art. La troisième partie, bien enfouie sous le courant de la vie quotidienne, fut la prise de conscience que Clive n'était pas seulement infidèle mais irresponsable. Quand, en 1911, son deuxième fils, Quentin, tomba malade, Clive ne s'en soucia que de loin et Vanessa se tourna alors vers Roger Fry, en quête de sympathie.

Vanessa et Clive l'avaient rencontré quelques années plus tôt et ils avaient tous deux été attirés et conquis. De treize ans plus âgé que Vanessa, Roger était marié et avait deux enfants. La maladie mentale de sa femme lui avait donné une expérience tragique du mariage ; quant à son éducation dans une famille quaker, elle avait été morale, austère, inhibante. Si la famille Stephen souffrait aussi d'inhibitions, c'était surtout parce que Sir Leslie était un introverti, hypersensible et d'une grande complaisance envers lui-même. Sir Edward Fry était, au contraire, un extraverti nourrissant des ambitions scientifiques, à l'esprit étroit et vertueux, et sa dominatrice de femme réussit à empêcher ses six filles de se marier. Avec de tels parents, on ne pouvait que fuir, ce que le brillant jeune cadet, Roger, ne tarda pas à faire. En 1911, il s'était fait un nom de critique et de connaisseur d'art distingué, et il venait d'organiser la première exposition post-impressionniste.

Au début, Vanessa fut intimidée par la réputation et l'autorité de Roger mais la maladie de Quentin les rapprocha. Roger compatit, se montra sous son jour le plus humain, et perdit son pouvoir d'intimidation. Ils découvrirent qu'ils possédaient tous deux une sensibilité visuelle très aiguë, plus cultivée et articulée chez lui, plus expressive chez elle — son manque de connaissances historiques contribua sans doute à lui donner sa liberté de peintre. En outre, c'étaient tous deux des sensualistes, non seulement dans le domaine sexuel mais dans toutes les manifestations physiques de l'existence. Ils aimaient la vie. Vanessa rayonnait d'une joie qui réchauffait ses enfants, ses tableaux, ses amis. Roger aussi, mais avec encore plus de chaleur et de vitalité. Il n'avait jamais eu de mal à s'attirer la sympathie de gens de toutes sortes et à nouer des liens avec eux, une qualité que Vanessa admirait et enviait. Dans son désir d'aller à la rencontre d'une idée ou d'un être, Roger se mettait en quatre avec un enthousiasme communicatif. Il pouvait s'oublier totalement, ce dont Vanessa était tout à fait incapable, sauf devant son chevalet. Elle était tellement consciente de ses défauts qu'elle approchait les autres avec réticence, souvent avec froideur. Elle était sur la défensive et peu disposée à l'admettre. Ce fut un élément majeur de la séduction que Roger exerça sur elle : elle avait peine à croire à la facilité avec laquelle il coupait court à toute formalité ennuyeuse ou superflue pour arriver au cœur du sujet. C'était ça l'aisance, c'était ça le luxe, et c'était tellement plus excitant que tout le confort matériel donné par Clive !

Roger avait une autre qualité non moins fondamentale, et, celle-ci, Vanessa se vantait de la posséder aussi, le don féminin de compréhension intuitive. Chez Vanessa, il se manifestait par une identification à ce dont il était question — être humain ou objet d'art — alors que, chez Roger, il prenait une forme beaucoup plus active, constructive et imaginative. Ce précieux atout dans le domaine des relations humaines fit aussi de lui un grand critique.

En 1911, Vanessa, Clive et Roger allèrent en Turquie, et Vanessa tomba gravement malade. Clive évita la chambre où elle était alitée, abandonnant du même coup ses droits et ses devoirs conjugaux. Ces derniers furent presque automatiquement assumés par Roger, nullement intimidé de devoir jouer les nurses auprès d'une femme splendide, dans la petite ville de Broussa. L'intuition qu'il avait de ses besoins physiques et psychologiques en fit un père, un infirmier, un médecin et un potentiel amant. Non seulement il prenait sa température, remontait ses oreillers et accomplissait les tâches les plus intimes à son chevet mais encore, tout en continuant à peindre, il lui rapportait quelques trouvailles faites sur les marchés, lui parlait de Giotto en lavant ses brosses à cheveux dans la bassine et oubliait sa palette encore couverte de peinture sur son lit blanc, en lui demandant son avis sur son travail de l'après-midi. Elle le trouvait délicieusement attentif à ses besoins de réconfort et de soutien moral tandis qu'instinctivement, irrépressiblement, il la rappelait à la vie, la ramenait à tout ce qu'ils aimaient faire ensemble.

Quand ils revinrent à Londres, ils étaient amoureux, lui profondément, elle, perdue dans un dédale de perspectives mentales, d'horizons élargis où la sexualité prenait un caractère de dépendance voluptueuse en parfait accord avec son humeur d'alors. Car elle n'allait pas bien ; elle souffrirait dans les deux années suivantes d'un manque d'énergie et d'une faiblesse générale indiquant une dépression parallèle aux épisodes maniaques de Virginia. Vanessa était alors incapable de peindre ; la patience et la compréhension de Roger lui furent précieuses, d'autant qu'il paraissait convaincu qu'en recouvrant la santé, elle retrouverait son aptitude au travail.

Du point de vue artistique, il y avait chez Roger un aspect fondamental, à savoir que même s'il plaçait la barre très haut (il se référait à Giotto, Raphaël, Rembrandt et Cézanne), il soutenait avec enthousiasme l'effort artistique le plus humble et le plus modeste, un tissu anonyme, une boîte peinte, une drôle de petite céramique ou une poterie paysanne. Vanessa, replongeant ainsi dans son enfance après tant d'années passées à jouer le chef de famille responsable, se mit à décorer un chapeau ou à faire des fleurs en papier avec le même sérieux qu'un tableau. Cette thérapie signalait sans doute son retour à la vie mais impliquait aussi une nouvelle attitude envers l'art mettant à égalité le peintre, le décorateur et l'artisan. En faisant tomber les barrières qui avaient jusque-là séparé les beaux-arts et les arts décoratifs, Vanessa découvrait la liberté de se déplacer d'un domaine à l'autre selon sa nécessité intérieure ; le peintre n'était plus entravé par l'opposition beaux-arts — artisanat et pouvait donner la même importance aux deux sans perdre la face. Le désir d'embellir sa maison fut donc stimulé chez Vanessa et, tout en gardant tel ou tel meuble de valeur, elle s'autorisa à métamorphoser les pièces bon marché en objets de beauté, fussent-ils éphémères. Son sens décoratif avait quelque chose de visionnaire : toute l'atmosphère se chargeait de gaieté et de vitalité, même quand elle avait utilisé des matériaux tout à fait communs et ordinaires. Cela autorisa les artistes de Charleston à traiter un meuble ou un mur exactement de la même façon qu'une toile, gagnant une liberté qui nourrissait leur dynamisme. Les peintres eux-mêmes ont parlé, à ce propos, de refus du joli — une façon négative de dire que tout objet, y compris les murs, les portes et les cheminées, doit jouer un rôle positif, s'affirmer dans un nouveau contexte, une nouvelle relation symbolisant la vie.

Vanessa ne cessa pas pour autant d'appartenir aux beaux-arts, ne craignant pas de comparer son œuvre, défavorablement, cela va sans dire, à celle de Piero della Francesca ou de Cézanne, deux des maîtres qu'elle admirait le plus. Bien que Roger eût considérablement élargi sa vision, elle continuait de se montrer arrogante et de juger sans pitié le travail de ses contemporains. Elle défendait cependant théoriquement le fait que M. Untel

pût prétendre à la même considération qu'elle, ou que les tâton-
nements de la vieille dame d'en face eussent droit aux mêmes
égards que les siens. Mais c'était là une attitude politique et, en
réalité, elle avait le plus grand mal à l'admettre. Au fond, elle
méprisait l'amateur, l'écartant d'une main, l'encourageant de
l'autre, équivoque bien dans sa manière et qui finit par entacher
sa réputation de générosité, quoiqu'elle fît quelques exceptions,
surtout pour les jeunes qu'elle tenait en sincère affection.

Dans les rapports humains, les mobiles de Vanessa restaient
mystérieux, même pour Roger. Il ne pouvait réconcilier son évidente sensibilité, ses moments de chaleur et de tendresse, avec
son indifférence fondamentale. Sa beauté physique alliée à son
sens de l'humour parfois mordant suggéraient une nature douce
et noble, des profondeurs d'indulgence féminine, pourtant bor-
nées par sa tendance aux discriminations arbitraires. Elle semblait habitée par de vastes réserves qui, bien qu'elle les gardât
pour elle, jetaient une ombre froide même sur ses proches.
Quoiqu'elle ne l'eût jamais montré ni exprimé, Roger savait
qu'elle voyait sa peinture d'un œil très critique, laissant parfois
deviner une désapprobation morale et esthétique qui le faisait
souffrir sans qu'elle veuille le reconnaître. Ce type d'attitude lui
donnait un air impitoyable, comme si elle portait des œillères,
et obligeait ceux qui l'aimaient le plus, interloqués, à reculer. Ses
facultés critiques n'allaient, en fait, pas au-delà d'un faisceau de
préjugés, jamais dénoué par l'analyse. En même temps, sa peur
de l'affrontement émotionnel contribuait à l'aveugler sur l'effet
qu'elle produisait sur les autres. L'admirable désir de discernement du début s'était mué en besoin d'un cercle magique, ex-
cluant ceux qu'elle jugeait indignes, incluant les quelques rares
personnes qu'elle avait décidé de ne pas juger du tout. Roger
avait une situation désolante, un pied dedans, l'autre dehors ;
Vanessa prétendait avoir des réactions objectives face à sa peinture mais il savait pertinemment qu'il s'agissait de jugements affectifs enracinés dans quelque chose de bien plus profond et de
moins facile à concilier. Malgré sa capacité d'analyse et d'objectivité infiniment plus large, il ne put convaincre Vanessa d'af-
fronter cette énigme avec davantage d'honnêteté, et il semblerait
que cette zone d'incompréhension, d'autant plus menaçante

qu'elle était vague et mal définie, ait fini par fracturer leurs rapports. Roger resta d'autant plus amoureux qu'il se sentait blessé. Ce fut Vanessa qui se refroidit, sans doute parce qu'elle ne pouvait résoudre ses propres problèmes. D'importantes et difficiles questions l'avaient fait trébucher sans qu'elle ait pu les démêler : incidemment, elle avait révélé qu'elle cherchait non la vérité mais le pouvoir, non la qualité mais la prééminence.

Ainsi, manifestement, quand Duncan surgit de l'arrière-plan pour prendre sa place dans la vie de Vanessa, il la séduisit doublement. D'une part, elle admirait son travail sans réserve, d'autre part, il devint automatiquement un fils. Quelques années plus tôt, Vanessa avait dit de lui, du haut de ses six ans de plus, qu'il comptait parmi les jeunes artistes « les plus prometteurs et les plus intéressants ». L'intérêt que chacun portait au travail de l'autre devait prendre une dimension nouvelle à la lumière du post-impressionnisme et des ateliers Omega[1], inspirés par Fry, tandis que, dans leur intimité croissante, chacun reconnaissait en l'autre un sens de l'humour qui lui était complémentaire — fantasque chez Duncan, ironique chez Vanessa.

Personne ne semble s'accorder sur le moment où Vanessa et Duncan devinrent amants, ni sur ce qui les poussa à dépasser la simple amitié pour s'engager dans l'intimité physique et la vie à deux. À mon avis, ce fut Vanessa, et non Duncan, qui joua le rôle du séducteur, tentée, entre autres choses, par la possibilité de réussir sur un terrain affectif où peu d'autres femmes s'étaient apparemment risquées. Je l'imagine incrédule, aérienne, transportée par l'idée de son triomphe. Il ne faut pas oublier que, bien qu'homosexuel avoué, Duncan n'était pas insensible au charme féminin, pourvu que sa propriétaire ne lui demandât pas d'être un adulte — ce que Vanessa ne fit jamais. Quand il

---

1. Roger Fry fonda les ateliers Omega à titre expérimental, d'une part pour aider les artistes impécunieux, de l'autre pour insuffler un esprit nouveau à la décoration d'intérieur. Duncan et Vanessa, Gaudier Brzska et bien d'autres peintres y travaillèrent, produisant des meubles peints et marquetés, des tissus, des tapis et de la poterie. Après des débuts prometteurs, la guerre eut raison d'eux ; ils fermèrent en 1919. (N.d.A.)

finit par succomber à son extraordinaire alliance de grâce et de volonté, c'était un aveugle s'apprêtant à prendre la mer sur un radeau — qu'on y voie un abandon passif ou un acte de foi.

Duncan semblait avoir réellement besoin d'elle et, dans certaines limites bien précises, c'était vrai. En même temps, il était aussi fuyant qu'une anguille, désireux de garder son indépendance dans son rapport à la peinture et dans ses relations personnelles. Les besoins profonds des autres avaient peu de prise sur lui ; en fait, il était aussi indifférent à leurs demandes, malgré son charme et ses manières amicales, que Vanessa l'était à leur destin. Si Roger avait attendu d'elle une maturité dont tout le monde la croyait capable, au vu de son comportement, Duncan n'eut jamais cette exigence, probablement parce qu'il n'était pas vraiment engagé, ou engagé sans perspective, à la manière d'un enfant.

Duncan avait le mystérieux pouvoir séducteur d'un lutin. Il était comme une graine volant au vent, et sa seule racine était celle qui l'attachait à sa peinture ; sinon, il était à la merci de quiconque avait des besoins affectifs plus forts que les siens. Quand ils devenaient trop pressants, il sentait son équilibre menacé et, comme le chat du Cheshire, s'évanouissait, laissant juste son sourire derrière lui. S'il succomba à Vanessa, c'est parce qu'elle était la seule femme qui alliait la sensibilité d'une artiste au réconfort maternel, une femme dans les bras de laquelle il trouvait protection et tranquillité. Il prenait ce dont il avait besoin et donnait ce qu'il pouvait. Qui, au fond, peut faire plus ? Il n'a jamais prétendu être autre chose que lui-même, ne s'est jamais engagé à faire ce dont il ne se sentait pas capable. Comme un animal, il était incorruptible.

Ils donnaient l'impression — même à ceux qui les côtoyaient de près, comme Virginia et Bunny Garnett — de vivre un bonheur idéal. Concentrés sur leur travail, féconds en œuvres sinon encore en enfants, ils vivaient sur une île magique dont Vanessa était indéniablement la reine, prête à en refuser l'entrée à ceux qu'elle n'aimait pas. Isolés non seulement par les incertitudes de la Première Guerre mondiale mais par leur intransigeance à cet égard — Duncan était objecteur de conscience —, ils avaient trouvé un mode de vie qui, sous des allures agréables et insoucieuses, affirmait le pouvoir de la douceur contre l'agression, la force de la passivité contre la violence et l'hystérie.

Parti pris manifestement conforté par la quantité de travail accompli, malgré le fait que Duncan eût été astreint à effectuer une tâche d'ouvrier agricole et que Vanessa dût remplir ses devoirs de mère et de maîtresse de maison. C'est la qualité de cette œuvre, audacieuse et pleine de vitalité, que nous admirons tant aujourd'hui. S'ils nous donnent l'image d'enfants vivant un âge d'or, ils n'étaient toutefois pas des sybarites. Ils eurent la chance d'avoir de l'espace, un ou deux domestiques, la joie d'une intime entente, et en firent bon usage. Mais ils avaient juste assez d'argent, peu de confort, et leurs vies, comparées aux nôtres, étaient spartiates. Cette absence de luxe fut certainement stimulante, les poussant à réinventer ce qu'ils ne pouvaient se permettre d'acheter, enjolivant souvent leurs créations de dessins inventifs et spontanés. On y voyait la différence de leurs personnalités : le tempérament vif et spirituel de Duncan, celui plus calme, équilibré et réflexif de Vanessa. Elle était la lune, Duncan une étoile, traversant parfois le ciel de sa course erratique.

Pour Vanessa cependant, il y avait une ombre dans ce tableau : deux, plus exactement, un homme et une femme, bien que d'importance inégale. La première, c'était David Garnett qui, comme tout le monde le sait maintenant, était l'amant et le jeune ami de Duncan, lequel s'y était attaché plus qu'à personne auparavant. Vanessa décida de composer avec sa présence dans la maisonnée, sentant qu'elle était inévitable et que, si elle chassait Bunny, Duncan le suivrait. On verra dans ce choix la passion ou la possession, la complaisance ou la tolérance, plus vraisemblablement encore, un illogique amalgame. Il ne faisait aucun doute qu'elle aimait bien Bunny, et si la jalousie la tourmenta, la certitude intérieure qu'elle avait de beaucoup compter elle-même pour Duncan la protégea probablement de ses pires effets. Ils vécurent tous ensemble, d'abord dans le Suffolk puis à Charleston pendant les trois ans de guerre, époque qu'ils revirent tous plus tard en *couleur de rose* [1], et il est

---

1. Tous les mots en italique suivis d'un astérisque sont en français dans le texte. *(N.d.T.)*

vrai que les histoires animées qui bondissaient autour de la table de la salle à manger devaient encore nous arracher des rires pendant une vingtaine d'années.

L'autre ombre au tableau, c'était Mary Hutchinson[1], et si elle touchait de moins près que Bunny au bonheur de Vanessa, elle tint néanmoins un rôle significatif et fut liée, de loin, à l'une des grandes catastrophes affectives de sa vie. Au début, Vanessa avait fait preuve d'une extraordinaire maîtrise de soi dans sa relation avec Duncan ; elle était tellement ravie d'être sa compagne de tous les instants qu'elle dut être, on l'imagine, une amoureuse sensible et peu exigeante. À cause, sans doute, de la présence de Bunny à la maison, la situation évolua. Le désir de Vanessa s'affirma, inquiétant et terrifiant Duncan qui comprit soudain qu'il tenait dans ses bras une femme de chair, insatisfaite, aspirant, au fond de son cœur, à l'impossible. Il ne se sentit pas du tout à la hauteur et, réagissant avec la simplicité directe d'un enfant, il lui annonça qu'il ne pouvait plus coucher avec elle. Pour lui, la seule difficulté consistait à le lui dire, d'une part parce qu'il avait d'autres relations, d'autre part et surtout parce qu'il avait la conscience tranquille. Sa priorité était de peindre ; les êtres humains, avec leurs subtilités et leurs complications, restaient accessoires. Pour Vanessa, ce fut un coup dans le plexus solaire dont elle ne se remit jamais.

En 1918, elle avait trente-huit ans ; presque la moitié de sa vie s'était écoulée. Elle était sur le point d'avoir un troisième enfant de l'homme, un être merveilleux mais étrangement limité, qui venait de la rejeter. Elle ne pouvait pas se plaindre d'avoir été abandonnée puisque Duncan restait, en apparence, aussi tendre et attentif qu'auparavant, mais elle se sentait plus seule que jamais, confrontée à la perspective terrifiante de se prendre en charge. Le soutien qu'elle avait apporté autrefois à son frère Thoby, à Virginia, ses manifestations de sentiments maternels envers Clive, Roger et beaucoup de ses amis de Bloomsbury leur avaient paru à tous sans ambiguïté : en

---

1. Cousine des Strachey et épouse de l'avocat St. John Hutchinson, elle fut, pendant des années, la maîtresse de Clive Bell. *(N.d.A.)*

réalité, elle avait déployé son énergie à les dominer — ce qui est bien différent.

Tous, à leur manière, avaient résisté, Thoby en mourant, Clive et Duncan par leur infidélité. Seule Virginia faisait porter à Vanessa le poids de sa demande d'amour ; quant à Roger, il l'aimait toujours mais elle l'avait repoussé. Bien qu'entourée d'hommes qui disaient l'adorer, elle savait que pas un seul ne lèverait le petit doigt pour elle, tout comme, de son côté, elle ne souhaitait pas leur donner leur liberté. Clive rôdait toujours en arrière-plan et venait passer le week-end à Charleston avec Mary Hutchinson, qu'il aimait passionnément. D'aucuns diraient que cela manquait de tact mais, pour Bloomsbury, un tel jugement n'avait aucun sens. Vanessa fut obligée de se montrer, sinon accueillante, du moins polie.

Si Vanessa était la terre mère, la déesse, instinctive plus que cérébrale, Mary était une intellectuelle sophistiquée, sociable et élégante. Son charme et sa séduction reposaient sur sa capacité à utiliser son esprit ; écrivain et salonnière, elle se targuait d'être au courant des évolutions du monde artistique. Vanessa avait déjà fait son portrait, aujourd'hui à la Tate Gallery, qui exprime clairement sa perception du personnage, surtout quand on le compare avec une photographie de Mary — un piquant rapprochement fait par Frances Spalding dans sa biographie de Vanessa. En 1918, Vanessa commença une toile beaucoup plus grande intitulée *The Tub,* qui se trouve aussi à la Tate. Il a la nature mystérieuse du rêve et son histoire montre bien l'impasse dans laquelle se trouvait Vanessa. À l'origine, c'était une composition où Mary, unique personnage, était simplement vêtue d'un court fourreau blanc. Mais donner le rôle principal à une femme qui était, au fond, sa rivale et dont l'intelligence plus aiguisée devait lui rappeler le flirt de Clive avec Virginia, douze ans plus tôt, lui parut déplacé et, avec le geste de celle qui reste maîtresse de son destin sur la toile malgré ses échecs sur la scène du monde, elle effaça Mary. Il est intéressant de noter que c'est par rapport à Clive, et non à Duncan, que la jalousie lui monta à la tête et triompha.

Dans la version finale, la robe a disparu, révélant un personnage totalement nu qui est, à l'évidence, un autoportrait. La nudité symbolise d'une part l'aspiration à la vérité, de l'autre la révélation du moi dans toute sa vulnérabilité. Elle contemple ses mains jouant avec sa tresse de cheveux en un geste qui me rappelle, d'une certaine façon, le jeu de « il m'aime, il ne m'aime pas ». L'eau du bain peut être interprétée comme la source de la vie, dont le personnage est étonnamment dissocié. Vanessa était arrivée au point où les chemins bifurquent et cela la troublait profondément.

Il est vain de se demander si Vanessa aurait pu trouver une nouvelle vision d'elle-même. À en juger par *The Tub*, elle n'en fut pas loin, ce qui est déjà remarquable. Il est probable qu'elle approcha la pure révélation d'un cheveu, mais c'est ce cheveu qui compte. Pour elle, le moment de vérité renfermait non seulement la difficulté de sa situation mais son amour pour Duncan, et c'est lui qui l'emporta sur son indépendance. Si, dans l'ensemble, Bloomsbury n'éprouvait que de l'antipathie ou des doutes à l'égard du travail de l'inconscient, refusant son aide dans ce domaine, il faut dire aussi que Vanessa, femme autonome et habituée à faire les choses à sa guise, était incapable de crier au secours. Ce tableau doit être vu comme un appel muet mais éloquent. Il fut ignoré, elle le roula et le rangea au grenier de Charleston où il resta jusqu'à ce qu'il soit découvert par Simon Watney, soixante ans plus tard.

Si je n'avais pas été là, je pense que Vanessa et Duncan auraient pu se séparer. Mais ma présence obligea Vanessa à réorganiser une fois de plus sa vie autour du foyer et de la nursery et, malgré le peu de responsabilités assumées par (ou laissées à) Duncan, je créais un lien qui pouvait difficilement être rompu. Du coup, Vanessa adopta une attitude suppliante, nouvelle chez elle, implorant Duncan en silence de ne pas abandonner une femme qui, après tout, lui avait sacrifié une part très profonde de sa nature. Elle était souvent jalouse, redoutant perpétuellement qu'il ne la quitte, et perdit ainsi l'aura de Demeter pour revêtir la cape de la Vierge de Piero qu'elle déployait sur nos têtes pour nous réchauffer tous. Duncan et Clive avaient en commun d'adorer la vie domestique et Vanessa leur donna à tous deux l'atmosphère qui correspondait exactement à leurs désirs.

Ainsi, je fus élevée sur la bouche d'un volcan éteint. La conception qu'avait Bloomsbury de la maîtrise de soi civilisée fut largement responsable de ce qui était, psychologiquement parlant, un immense exploit : tous réussirent à vivre ensemble dans l'harmonie tout en continuant à exprimer, en tant que peintres, leurs fantasmes — certains du moins. Il y avait bien entendu des tensions mais leur victoire fut de comprendre comment les éviter : ainsi, chaque personne avait sa chambre, les peintres occupaient une part de la maison, les écrivains une autre et, de temps en temps, Duncan et Clive s'absentaient et allaient chercher leur pitance « dans une autre partie de la forêt ».

J'étais, de huit ans, la plus jeune de la famille, ce qui, lorsque l'on a quatre ou cinq ans, fait une différence incalculable. Ma vie s'organisait très différemment de celle des adultes que je regardais avec des yeux émerveillées et avides — j'étais émerveillée de leurs sombres silhouettes gigantesques, j'étais avide de leur ressembler car ils avaient le talent de rendre la vie extraordinairement excitante, contrairement à ce qui se passait du côté de la nursery où il fallait terminer son pain beurré et se mettre au lit juste au moment où les lampes s'allumaient et où l'on pouvait voir le vol erratique des papillons de nuit au jardin. C'était le moment où le timbre des voix changeait, se détendait, laissant passer la satisfaction d'une bonne journée de travail. Les adultes se rassemblaient comme des animaux autour de la mare, disposés aux échanges amicaux, prêts à saisir toute possibilité d'amusement, surtout quand cela prenait la forme d'un potin ou d'un scandale, s'apprêtant à aller dîner et à savourer le plaisir de la conversation qui donne son sel à la vie. Depuis ma chambre, au-dessus du salon, je les entendais s'éterniser après le repas, sans s'exciter ni s'emporter, sauf quand Virginia était là. En général, ils étaient amènes et réfléchis, jusqu'à ce qu'une remarque (qu'on ne pouvait, bien sûr, jamais entendre) leur arrache des rires éclatant à travers les fenêtres, effrayant les hirondelles sous les avant-toits tandis que, depuis le jardin, une forte odeur de fleurs s'insinuait dans la pièce. Graduellement, les myriades de sensations de la journée tombaient comme des grains de sable, me laissant très haut, bercée par la délicieuse fatigue des très jeunes, pour m'endormir avec un sentiment de sécurité que rien ne pouvait menacer.

La chose extraordinaire, avec ces étonnantes grandes personnes, était que, quoi que l'on dise ou fasse, elles ne s'en émouvaient pas ; rien ne semblait les toucher. Sans aller jusqu'à l'impavidité des figures de granite de Erewhon[1], qui ne parlent que lorsque le vent siffle à travers les trous de leur visage, elles étaient pareilles aux arbres de la forêt qui conversent bien au-dessus des têtes, ou à des tournesols géants qui, parfois, se penchent pour voir ce qui se passe dans le monde, à leurs pieds. Chaque génération devait se donner un mal considérable pour se mettre à peu près au niveau de l'autre. Pourtant, ces grandes personnes me semblaient si fascinantes que je n'ai jamais relâché mes efforts ; et, de leur côté, elles cultivaient une patience étonnante, angélique même, uniquement récompensée, me semble-t-il, par ma reconnaissance actuelle.

Être la seule fille me donnait une place bien à part ; à trois ans, Clive me flattait déjà par tous les moyens possibles, répétant mes mots avec un plaisir non feint. Maynard Keynes m'offrit des sels de bain parfumés, Roger Fry me donna des bijoux, Saxon Sydney-Turner[2], des œufs de Pâques en satin dont j'oubliai, tant il était timide et modeste, de le remercier. Tous ceux qui venaient à la maison m'inondaient de présents, dont j'ai conservé certains. On me traitait en princesse et ce n'est pas pour rien que l'on m'appela Angelica, nom de la princesse dans *La Rose et l'Anneau* de Thackeray. Si je n'étais pas la seule petite fille au monde, j'étais la seule petite fille dans le monde de Vanessa qui, tel l'Anneau, dessinait un cercle magique au centre duquel j'étais la Rose ; il eût été inimaginable de ne pas être heureuse.

Vanessa, l'autocrate de cet univers miniature, y régnait avec une autorité absolue, respectée par les adultes, même si les enfants se révoltaient parfois. Sa parole faisait loi, et depuis si

---

1. Pays imaginaire du livre éponyme de Samuel Butler (1835-1902). *(N.d.T.)*
2. Un ami de Thoby Stephen à Cambridge. Connu pour ses inhibitions, il entra comme fonctionnaire au ministère des Finances où il travailla toute sa vie. *(N.d.A.)*

longtemps, que nous la connaissions par cœur et la faisions nôtre. Sa lumière nous permettait de vivre et de respirer, sa présence se sentait dans tous les coins de la maison et du jardin, à la fois tangible et visible. Qui d'autre aurait réparé les étagères de livres chancelantes ou gauchies, posé une lourde baguette de fer sur deux gros clous pour accrocher un rideau ? Qui d'autre aurait fait les housses en coton pour les sièges du salon ou l'incroyable petite ganse courant autour du dessus-de-lit de Duncan ? Qui d'autre aurait peint, sous la fenêtre du rez-de-chaussée, les coquelicots à tête tombante ou opté pour des murs noir de suie et rouge vénitien dans sa chambre à coucher ? Qui d'autre se serait attaqué au service de la voirie à cause de l'état de la route ou au conseil départemental de Lewes pour les impôts ? Qui d'autre aurait pu pousser Grace, totalement paniquée, à aller voir le médecin pour un pouce infecté ou l'inciter à entreprendre un tapis au crochet ? Et qui d'autre, vraiment, aurait pu convaincre Duncan qu'il ne serait pas raisonnable de mettre des flamants dans la mare ? Toutes ces choses, et bien d'autres encore, c'était Vanessa qui s'en occupait avec une satisfaction tranquille, un peu triste, parfois. Rien n'allait jamais vraiment bien, et je crois qu'elle dut être secondée par l'ange de l'improvisation, toujours prêt à lui donner un coup de main pour masquer quelque excès ou maquiller quelque défaut. Une des choses les plus importantes qu'elle m'ait apprises est que, lorsqu'on tente sérieusement de réaliser l'œuvre de sa vie et que ça se passe mal — ce qui arrive inévitablement —, il y a toujours une solution dont il ne faut pas se priver par orgueil. Elle-même avait toujours suivi ce précepte, mais je me souviens bien de son cri d'horreur, dans les moments de crise, et de la façon dont elle portait à sa tête la main tenant son pinceau, en un geste qui me rappelait celui de l'homme qui ferme la porte de l'écurie après que le cheval a été volé.

Même si j'ai la forte impression que, après 1918, Vanessa n'eut plus de vraie indépendance, liée à Duncan par des attaches trop secrètes pour être affichées, sa vitalité restait si forte qu'elle arrivait à persuader son entourage, et elle avec, qu'elle était heureuse. Elle avait dit au revoir à la liberté mais elle gardait une capacité créative surpassant celle de bien des gens. L'œil du peintre donnait à ses tableaux une subtilité lumineuse qui s'accrut avec l'âge et l'expérience. Les autoportraits qu'elle fit à la fin de sa vie sont remarquables de pénétration et révèlent une acceptation philosophique de ce qu'elle considéra comme un destin difficile mais aussi comme un plaisir prolongé de sensualité dans la couleur et la peinture. Le passage du temps fit pour elle ce dont elle n'avait pas été capable et, par son mystérieux processus, réunit ce qui avait été dissocié, traçant une existence d'une impressionnante cohérence, extraordinairement riche et diaprée.

II

Duncan

En 1990, John Murray a publié un livre de Simon Watney sur mon père Duncan Grant, puis Karen Wright, de *Modern Painters*, m'a demandé d'écrire non tant une critique de cet ouvrage qu'un article sur Duncan. Cela signifiait que je n'avais pas donné au travail de Simon l'attention qu'il méritait et je voudrais ici réparer cette injustice en disant que c'est, à ce jour, la seule monographie qui traite sérieusement de la peinture de Duncan. Ce texte profond et éclairant (même si j'ai quelques réserves sur le choix des illustrations qui ne donnent pas toujours la meilleure image de Duncan) apporte une bonne contribution à notre connaissance du peintre, de son rapport à l'époque, et nous permet de bien comprendre l'art anglais du XXe siècle.

Je songe souvent à Duncan. Je pense à lui, essayant de comprendre tout ce qu'il a représenté pour moi, de le situer dans ce monde que, malgré la différence de générations, nous avons tous deux partagé. J'ai utilisé mon article original comme une patère sur laquelle je n'ai pas accroché grand-chose de neuf, m'en servant comme d'un prétexte pour me laisser aller à l'un de mes passe-temps favoris, la réflexion sur un sujet très cher qui ne s'épuise jamais.

Né en 1885 à Rothiemurchus, sur la Spey, Duncan a passé une grande partie de son enfance en Inde et en Birmanie, ce qui dut, littéralement, colorer sa vie, comme s'il avait été plongé tout jeune par le grand Agrippa[1] dans une bouteille

---

1. Agrippa von Nettesheim, spécialiste des sciences occultes, né en 1486, originaire de Cologne. Il figure dans un livre de Heinrich Hoffman (1809-1871), *Struwwelpeter*, où il apparaît, si ma mémoire ne me trompe, comme une immense ombre noire qui s'empare des méchants petits garçons et les trempe dans l'encre noire. *(N.d.A.)*

d'encre de Chine, pas forcément noire. Il avait eu une ayah qu'il aimait beaucoup puis, à une époque, une nourrice anglaise à laquelle il était très attaché. Enfant unique, il fut chéri par sa mère et aimé, je crois, mais plus raisonnablement, par son père Bartle, militaire, musicien et botaniste, issu d'une vieille famille écossaise et frère de Lady Strachey, dont les enfants étaient donc les cousins de Duncan. Inévitablement, quand Bloosmbury se forma, Duncan, quoique encore mal connu à l'époque, fut admis.

Duncan commença à peindre dès son plus jeune âge, probablement parce que, malgré sa mère, son ayah et sa nourrice, il était seul, plus vraisemblablement, j'aime à le penser, parce que, de nature sensuelle, il réagissait spontanément à ce qu'il voyait : les éléphants chamarrés, les bateaux à l'ancre, les riches et étonnantes couleurs de l'Orient. Il peignit plusieurs tableaux qu'il donna, en gage de son affection, à sa nourrice, et je me souviens d'en avoir vu rapidement certains, peu après sa mort, dans son atelier à Charleston. Je perçus leur précocité enthousiaste, leur gaieté et, rétrospectivement, leur parenté avec son œuvre plus tardive. Simon en a reproduit deux dans son livre.

Duncan fut un enfant heureux et docile, ni rebelle ni difficile. Il serait, je crois, d'accord avec mon sentiment que la peinture était pour lui un don de Dieu dont l'accomplissement le tenait en vie. C'est cette conviction qui l'obligea à un certain détachement par rapport à l'inexplicable marécage des rapports affectifs et lui donnait parfois l'air d'un être venu d'ailleurs, de passage dans notre monde. Jamais insensible ni rude, apparemment jamais pris au dépourvu, il était passé maître dans l'art d'éviter ce qu'on appelle les responsabilités. Mais il n'est que trop facile pour les moralistes (ceux qui voient la vie en termes de « y'a qu'à » et de « il faut que ») de condamner la « légèreté » de Duncan, passant ainsi à côté de tout ce qui faisait sa personnalité. On pourrait le juger irresponsable d'avoir eu un enfant qu'il n'était pas prêt à chérir, mais on peut aussi voir dans ce peu d'empressement la mesure de son attachement à sa peinture. En tout cas, autant que je m'en souvienne, il ne mentit jamais sur ce point et, bien qu'ayant profondément souffert de son indifférence relative, je ne changerais pas un cheveu de la tête de Duncan. Il y avait dans sa nature quelque chose d'impénétrable, quelque chose de léger qui échappait à tout jugement et rendait caduc ce type de considérations morales. Il m'est impossible de le voir comme un exemple d'iniquité, peut-être parce que je suis trop lâche ou que, comme ma mère, j'étais trop amoureuse de lui pour prendre la distance nécessaire. N'oublions pas, du reste, Vanessa, déterminée à m'avoir et à s'occuper de moi quand j'arrivai sur scène. À ses yeux, même si elle n'en avait pas tout à fait conscience, j'étais une partie de Duncan, la partie qu'elle pouvait s'approprier le plus facilement, mais dont l'existence, avait-elle décidé, ne devrait pas empiéter sur sa vie professionnelle. Certes, ils ne menèrent pas la vie des couples ordinaires, pas de ce point de vue en tout cas mais, étant donné leurs personnalités et leurs préoccupations, il est difficile d'imaginer les choses autrement.

Si ma mère était possessive, c'est en partie parce qu'elle se croyait obligée de tout prendre en charge. Duncan ne joua pas l'homme blessé dans son orgueil, il n'avait aucun esprit de compétition. Bien qu'il fût incapable de répondre à mes besoins affectifs les plus profonds, il me manifestait de l'intérêt et de l'affection et s'intéressait à mon évolution. Le plaisir d'être avec lui tenait surtout au fait qu'il ne tentait jamais de m'apprendre une leçon contre mon gré : il n'agissait pas dans un but intéressé et m'accordait, comme à tout le monde, une complète liberté d'action. Il n'a jamais rien imposé aux autres, n'a jamais cherché à prendre possession d'eux ni à les manipuler. Si on ne le comprenait pas, avec ses demandes très simples, il n'agitait pas d'index menaçant, ne levait pas la main pour arrêter le cours des choses. Dans ses histoires d'amour, il pouvait souffrir, éclater en larmes ou se renfrogner, trahissant ainsi sa fragilité et son infantilisme, mais il ne montrait pas de ressentiment ou d'animosité.

Duncan et ma mère étaient liés par une loyauté et une affection profondes qui l'emportaient sur tout le reste, et ils partagèrent ce type de bonheur qui naît d'une longue et patiente intimité — fût-elle par moments chargée d'angoisse, surtout du côté de Vanessa, angoisse qu'elle parvenait parfois à exprimer, mais pas toujours. Quand je regarde en arrière, je perçois leur relation affective et leur compagnonnage artistique comme inextricablement mêlés, quoique eux-mêmes aient tenté de croire le contraire. Peut-être serait-il plus juste de dire que Vanessa ressentait toujours les choses avec intensité mais s'efforçait d'être rationnelle, tandis que Duncan, totalement instinctif, se fiait à ses jugements dans tous les domaines. Ils croyaient faire preuve d'une extraordinaire objectivité vis-à-vis de leur travail mais ils n'en avaient pas plus, à mon sens, que pour autre chose. Quand Duncan rencontrait un problème, ses angoisses étaient vives, mais il trouvait auprès de Vanessa un soutien technique ; si elle-même doutait de sa compétence en tant que critique, elle réagissait en tout cas avec la sensibilité et l'honnêteté qui la caractérisaient. Cependant, elle était trop proche de Duncan, elle connaissait trop son besoin d'encouragement spirituel et était trop imprégnée des couleurs de l'esprit de Roger Fry pour être vraiment stimulante. Son intégrité même devint rébarbative, son influence trop morale, alourdie en outre par sa nature maternelle, protectrice, qu'il ne pouvait jamais remettre en cause sans la faire souffrir, tant elle était vulnérable. Pourtant, ils étaient magnétisés l'un par l'autre, parce que leur œuvres avaient toujours quelque chose d'inattendu et d'original, et qu'ils détenaient le pouvoir magique de créer leur monde à eux.

Charleston, le noyau de ce monde, est toujours ouvert aux visiteurs qui peuvent se rendre compte que ce lieu ne fut pas conçu comme un simple cadre pour parader ni comme un écrin pour mettre en valeur son contenu. C'était une création intérieure, apparentée à une méditation qui se transforme et s'élargit avec les années, spontanée, intime.

Ce n'était pourtant qu'un aspect de leur vie, l'autre étant leur existence londonienne, plus publique et sociable. Jusqu'au début des années 30, à peu près, nous avons vécu au 37 Gordon Square : la taille de la maison, son grand double salon d'apparat au premier étage, ses longues fenêtres à tentures, festonnées par les platanes du square, attiraient une séduisante bourgeoisie qui semblait davantage sortie du XIXe siècle que du nôtre — sentiment renforcé par l'absence d'atelier ou d'espace de travail. Là, Duncan et Vanessa s'approchèrent du mode de vie d'une lady et d'un gentleman. Le fait que Maynard Keynes vivait quelques maisons plus loin, que la famille Strachey demeurait au bout de la rue, que Clive avait sa garçonnière entre les deux et que Virginia et Leonard habitaient juste au coin faisait de ce lieu une enclave, une enceinte privée à l'intérieur de laquelle les communications étaient délicieusement faciles mais les libertés individuelles, scrupuleusement respectées. Nos domestiques entretenaient aussi des rapports amicaux, ce qui donnait une solide doublure au tissu de notre existence quotidienne.

Vers 1928, Vanessa et Duncan trouvèrent des ateliers au 8 Fitzroy Street ; ils y allaient tous les jours après le petit déjeuner, un peu comme des hommes d'affaires partent au bureau. Un an ou deux plus tard, ils abandonnèrent la maison de Gordon Square pour s'installer dans leurs ateliers. Je crois qu'ils y trouvaient la vie plus facile et plus agréable, car l'atmosphère était tout à fait différente de Gordon Square, pourtant tout proche. Au lieu des platanes et des pelouses, il y avait des pubs et des restaurants entre les maisons georgiennes aux façades de briques noircies, et des quincailleries au coin de la rue. Derrière l'atelier de Vanessa, au rez-de-chaussée, travaillait un habile sculpteur sur bois italien, Mr Ferro, capable de faire n'importe quoi de ses mains. En face, il y avait l'atelier des Drown, encadreurs et restaurateurs de tableaux. Tout était incroyablement miteux, le vestibule froid et sombre. Le cadre bourgeois était bien loin. Dans un tel décor, Vanessa paraissait encore plus majestueuse alors que Duncan, aussi à l'aise que s'il y était né, s'était fait pas mal d'amis parmi les voisins. Il occupait un atelier qui avait appartenu à Whistler, tandis que Sickert avait un moment possédé ou travaillé dans celui de Vanessa, et avait laissé un petit tableau dans la cave, qu'une fois sauvé elle accrocha à un mur de Charleston. Chaque jour, vers dix-huit heures, Flossie arrivait, un personnage décharné et assez inquiétant qui, le matin, cuisinait pour Helen Anrep, dans Charlotte Street, et le soir pour Vanessa. Nous mangions des plats typiquement anglais, certes pas des créations de *cordon bleu* * mais corrects, accompagnés de vin rouge servi dans des verres bleu pâle aux pieds carrés achetés chez Heal's.

L'atelier de Vanessa était un étrange mélange de poussière et de grandeur, sombrement éclairé par une immense fenêtre révélant les coins d'ombre où s'entassaient des boîtes de peinture, des chevalets et des toiles. Devant les murs, couverts de lattes de bois verdâtres, s'exposait l'habituelle nature morte de fruits et de fleurs qui, perdant petit à petit ses couleurs, scrupuleusement intacte, « se mourait » chaque jour un peu plus. Le poêle Pither chauffait la moitié de l'atelier réservée à la peinture : l'immense espace avait été ostensiblement divisé au moyen de deux splendides rideaux en appliqué[1] que Vanessa avait faits pour Gordon Square et accrochés ici à une tige métallique reliant un mur à l'autre. Dans l'autre moitié, il y avait le lit de Vanessa qui servait de canapé, et un appareil à gaz sous un chambranle au-dessus duquel était suspendu un miroir terni ajoutant sa faible lueur à ce coin domestique. Autour de la table, des chaises Omega d'un rouge luisant comme un cachet de cire réchauffaient les tons dominants, qui étaient plutôt sombres. Il y avait des toilettes séparées, mais la baignoire était dans la cuisine avec un chauffe-eau efficace, quoique susceptible d'exploser à tout instant. Je prenais souvent mon bain avant de dîner, quand Flossie s'affairait au fourneau pour nous préparer notre repas, et nous regardions parfois les pieds des invités de Duncan qui passaient devant la petite fenêtre donnant sur le couloir menant à son atelier.

C'était le même que celui de Vanessa, mais inversé, et il reflétait sa personnalité à lui. Il y avait un ou deux sièges confortables devant un appareil à gaz, une desserte pleine de bouteilles et, d'un côté, le petit piano droit de Jacob Kirckman devant lequel s'asseyait Mrs Hammersley quand elle posait pour son portrait. La majeure partie de l'espace était dédiée à la peinture et aux accessoires classiques du peintre du XIXᵉ siècle : un trône pour modèle, un paravent, des quantités de pinceaux

---

1. Des rideaux en appliqué étaient faits de bouts d'étoffe — provenant souvent de vieilles robes, ou d'autres choses, car Vanessa gardait tout — découpés en forme de fleurs ou motifs divers, et cousus sur une pièce de tissu plus grande. Dans l'atelier, cela faisait l'effet d'une toile tombant avec des plis — la tapisserie des pauvres. *(N.d.A.)*

dans des bocaux, un long miroir. Une grande fenêtre laissait passer la froide lumière du nord. Au fond, au lieu de la cuisine, se trouvait une petite chambre à coucher.

Duncan était certainement ambitieux, mais pas mondain, et son but — se consacrer totalement à son art — désintéressé. Cela ne veut pas dire qu'il se détournait du succès quand il arrivait, mais cela lui permettait de se dégager de tout intérêt périphérique, y compris des affaires amoureuses, pour garder intact le noyau de son existence. Son art jaillissait d'une vie conçue comme une perpétuelle orgie visuelle, voir et regarder encore et toujours. Son imagination débordait des aspirations d'une nature exubérante, exigeant constamment d'être exprimée. Afin de donner corps à ses visions, il se créait mille mondes, vivant à la fois avec eux et en eux, les transformant et les fixant sur la toile suivant ses évolutions et les fluctuations du temps. À Fitzroy Street ou à Charleston, il pouvait soutenir une conversation sautant du présent au passé, un passé qui, reflété dans les miroirs, se répétait et se transmuait en un nouveau présent, l'un éclairant l'autre, comme l'a fait aussi Virginia Woolf dans, par exemple, *Moments of Being*.

La recherche constante de la sensualité crée un état émotionnel, un climat spirituel. C'est, à mon avis, cette donnée essentielle de son œuvre qui la distingue le plus nettement des autres peintres anglais du XXᵉ siècle. Seul Matthew Smith ressentait les choses avec cette chaleureuse immédiateté. Les visions de Duncan, bien qu'érotiques, voire parfois pornographiques, ne sont pas voyeuristes, et elles ne contiennent aucun élément suspect de vouloir faire passer un message. Il élabore un monde où l'on est libre d'entrer ou non, un monde directement jailli de son plaisir à l'imaginer. S'il ne faisait jamais appel à l'émotion primaire, ce n'était pas parce qu'il était insensible mais parce que, pour lui, l'art devait plaire et rafraîchir. Clive et Virginia le taquinaient souvent pour son manque de savoir livresque, mais c'était un peintre cultivé qui avait énormément appris de l'étude des grands maîtres avec lesquels il maintenait un dialogue constant. Coloriste sensible et inventif, c'était aussi un remarquable dessinateur : il voyait le dessin comme essentiel à la peinture et il y est revenu quand se tassa l'extraordinaire engouement pour les post-impressionnistes. D'un côté, cela le rassurait indéniablement en lui permettant d'établir un pont entre son œuvre et celle des grands peintres qu'il admirait mais, de l'autre, cette approche, jugée de plus en plus académique, le coupa de la nouvelle avant-garde incarnée par exemple par Benedict Nicholson. Il pouvait cependant admirer Nicholson ou des peintres comme Braque et Kandinsky, sans souhaiter leur emboîter le pas.

Quentin a critiqué Duncan, non sans justesse, pour son manque de discrimination et sa tendance à approuver trop facilement le travail d'autres peintres. Mais Quentin était un penseur qui situait constamment son point de vue dans une perspective historique alors que Duncan était un amoureux que la sincérité suffisait à émouvoir. À l'exception de la vulgarité, quiconque mettait de la peinture sur une toile suscitait sa sympathie, et sa loyauté foncière le poussa à défendre non seulement Delacroix et Burne-Jones, boudés par Vanessa, mais des artistes académiques du XIXᵉ siècle qui faisaient (peut-être injustement) la risée de nous tous. L'art, parfois, ressemble à un paysage montagneux : certains sommets vous découvrent une vue merveilleuse mais d'autres méritent à peine qu'on fasse l'effort d'y monter. Pour Duncan, c'était toujours un plaisir, une contrée où il passait quasiment toute sa vie.

Le charme de Duncan, vanté presque à l'excès par ses amis, reste difficile à définir. Extérieurement, il se conduisait avec une maîtrise et une dignité parfaites, marques d'une époque qui estimait la réserve et les manières formelles et qui trouvait évident que l'on fît preuve de politesse dans toutes les situations habituelles. Duncan était d'un naturel doux et, bien que capable de reparties piquantes et subtiles, il ne cherchait pas à éblouir par trop de vivacité ou d'éclat. Il réfléchissait généralement avant de parler et n'en disait pas plus que le nécessaire, ce qui nous paraissait souvent très original. Les récits de ce qui lui était arrivé quand il s'absentait de la maison, situation fréquente qui en faisait un hôte fort apprécié, étaient brefs et concis. Il ne se laissait jamais aller, comme Virginia, à des envolées fantaisistes.

Pourtant, il était clair qu'il vivait dans son monde. Les objets et leurs rapports mutuels, vus à la lumière changeante du jour ou, confusément, la nuit, perdaient leur opacité quotidienne pour devenir de pures abstractions. Mais s'il les percevait en termes de formes et de couleurs, de lumière et d'ombres, il s'enchantait aussi de leur existence objective, de leur signification singulière qu'il respectait instinctivement. Cette attitude, manifeste aussi dans ses rapports humains, était spontanée chez lui et lui donnait une sorte d'aura, peut-être à l'origine de son charme. Je suis sûre que c'est ce qui empêcha les jeunes gens de la Navy, désireux de se venger après l'offense du *Dreadnought Hoax*[1], de le réduire en bouillie. C'est toujours ce respect de l'identité qui le poussa à sauver de la mort une souris prise par des paysans et leur batteuse, à l'époque où il était objecteur de conscience. Il n'y avait rien là de sentimental : il avait simplement agi selon sa nature qui n'était portée ni à dramatiser ni à se plaindre ; il aimait d'ailleurs rire de la situation et du rôle qu'il y avait joué. Il ne se prenait jamais trop au sérieux, sans pour autant se mésestimer, et l'on n'aurait pu l'accuser, comme bien d'autres membres de Bloomsbury, d'arrogance. Il aurait pu se mettre en valeur mieux qu'il ne le fit. C'était peut-être une faiblesse, mais qui séduisait ses amis, toujours prêts à le soutenir.

Lors de la rencontre pénible avec D.H. Lawrence[2], par exemple, ou lorsqu'il laissa exploser sa colère envers Herbert

---

1. Les acteurs de cet épisode burlesque de Bloomsbury furent Adrian Stephen, Virginia Woolf et Duncan Grant. Ils conçurent une machination pour faire croire à la Navy que l'empereur d'Abyssinie venait lui rendre visite. Duncan et Virginia étaient déguisés en hommes de sa suite, Adrian jouant le rôle du traducteur d'une langue inventée. La petite troupe fut reçue en grande pompe à bord du *Dreadnought*, de la marine nationale britannique, par un amiral. Ébruitée, la farce fit un grand tapage et certains officiers la considérèrent comme un terrible affront. Duncan fut enlevé par des marins qui voulaient le punir mais il était en pantoufles et se montra si aimable, si peu disposé à se battre que les hommes ne purent se résoudre à le corriger et le relâchèrent. *(N.d.T.)*

2. Ce fut David Garnett qui présenta D.H. Lawrence à Duncan, l'emmenant avec sa femme Frieda et E.M. Forster visiter son atelier pour qu'il voie ses tableaux. Lawrence eut une réaction très vive et exprima son refus de la peinture de Duncan en termes de désapprobation morale, ce qui laissa Duncan profondément déprimé. Toute possibilité d'amitié était donc hors de question. *(N.d.A.)*

Read[1] ou John Rothenstein, ce n'est pas tant leurs opinions qui lui parurent inacceptables (élément important, néanmoins) qu'un trait de leur personnalité et de leur comportement ; il réagissait affectivement, à la manière des animaux poussés par des motifs que nous en sommes réduits à deviner. Duncan n'aurait pas mordu, mais il grognait puis se retirait sans explication. Contrairement à certains membres de Bloomsbury, peut-être à la plupart, y compris Vanessa jusqu'à un certain point, analyser sa conduite ou celle des autres ne l'intéressait pas. Il préférait une métaphore, une plaisanterie ou un seul mot bien senti qui ramenait la question à ses justes proportions. En amour, il pouvait, bien sûr, souffrir de la jalousie, mais il n'était jamais rancunier ou vindicatif et bien qu'on l'ait parfois surnommé *the Bear*[2], je ne l'ai jamais vu se mettre en colère.

À la différence de Vanessa, Duncan ne souhaitait pas une absolue solitude pour travailler et, après sa mort, il fut plus libre de recevoir à Charleston toutes sortes de visiteurs. Si l'un d'eux manifestait le moindre désir de peindre, Duncan lui fournissait le nécessaire et, sans histoire, s'installait avec lui pour partager une nature morte. Rien n'était plus délicieux que d'être invité dans une maison si imprégnée de son passé que, sans cette ouverture, elle aurait pu en paraître étouffante. Ce genre de relations, même occasionnelles et temporaires comme elles l'étaient le plus souvent, n'auraient pu aussi bien fonctionner si Duncan n'avait pas été si peu imbu de lui-même, si passionné par ce qu'il faisait, si doux, si peu didactique. L'intérêt pour la peinture allait de soi : quoi de plus naturel que de s'essayer la main ? Le plaisir seul comptait. L'imprévisibilité des résultats renforçait l'intérêt de l'aventure, suscitant des plaisanteries et des rires jamais destructeurs, parfois fructueux.

Quand Vanessa ne fut plus là pour le protéger, la générosité de Duncan, que certains jugèrent aveugle, incita des gens bien plus jeunes à en profiter ; ces parasites emplirent la maison

---

1. Sir Herbert Edward Read, poète et critique d'art. Duncan était allergique à son idéologie artistique, essentiellement nourrie de psychologie jungienne. *(N.d.A.)*
2. L'ours. *(N.d.T.)*

de leur égocentrisme effréné, fort éloigné de la sensibilité de Duncan. Mais rien ne put le faire se départir de sa dignité foncière ni l'éloigner de la peinture. Les autres faisaient ce qu'ils voulaient, mais lui préservait son indépendance avec diplomatie, tout en tirant un grand amusement de leur conduite.

Le sérieux que Duncan mettait dans la pratique de son art lui donnait l'ancrage dont il avait besoin et l'autorisait par ailleurs à rire autant qu'il en avait envie. De petits gloussements — jamais d'éclats tonitruants ni de cris aigus — qui mouraient pour renaître tandis qu'il essuyait les larmes sur ses joues avec son foulard. Il ne s'est jamais permis de lancer des insinuations malveillantes ni des diffamations, quoiqu'il appréciât les remarques spirituelles, voire vipérines, quand Virginia s'y mettait. Dans ce cas, il savait retirer l'aiguillon de la pique, sans lui enlever sa drôlerie, de manière à ce que personne ne se sente blessé. Jamais il n'a blâmé, condamné ni attaqué personne. Quand les propos de quelqu'un lui déplaisaient, il l'évitait. Il se s'abandonnait pas à l'envahissement orgiaque de l'émotion. Dans les moments où il se sentait anxieux ou soucieux, il devenait bourru, têtu, contradictoire. Mais ses grommellements sans conséquence n'appelaient qu'un peu d'indulgence qu'il récompensait en faisant des efforts pour se maîtriser.

Ce n'est pas parce que Duncan était prêt à répondre aux nécessités et aux plaisirs de l'instant qu'il faudrait le considérer comme superficiel. Certes, il n'était ni un intellectuel ni un penseur. L'intuition guidait son art et ses actes mais son empathie et sa perspicacité lui permettaient de voir sous la surface des choses. Il devinait les autres, il savait les écouter avec une sympathie détachée, ne souhaitant pas s'immiscer ni intervenir.

Malgré sa simplicité, il n'était pas le naïf qu'il prétendait parfois être. Laissé à lui-même, il ne s'ennuyait jamais car il restait toujours très proche des choses qui l'entouraient. Son goût des objets (un pot, un crayon, un bout de tissu ou une plante) était presque tangible. L'intensité de son regard, la douceur de ses gestes trahissaient l'importance qu'il leur accordait, comme s'il était engagé avec eux dans une conversation secrète dont il était le seul à connaître la langue.

En entrant dans l'atelier, à Charleston, après le petit déjeuner, je trouvais Duncan sinon déjà au travail, du moins en train de préparer sa palette, ses pinceaux, ses chiffons, sa gouache et sa térébenthine. Il procédait avec calme et efficacité, tout en bavardant de choses et d'autres. Il se mettait au travail vers dix heures, parfois avant, et y restait jusqu'à treize heures, s'autorisant une pause pour une cigarette, un moment pour jeter un coup d'œil sur le journal ou s'asseoir près du poêle. En présence d'un modèle, l'atmosphère était un peu moins détendue car il ne pouvait pas se mettre à peindre tant que la personne n'était pas à l'aise et bien installée. Cela l'obligeait à faire un effort de conversation, bien qu'il utilisât souvent la radio comme substitut.

Parfois, les tableaux ne sortaient pas bien, surtout quand il s'agissait de personnages. Une immense toile représentant des gymnastes ou des lutteurs est ainsi restée des années au milieu de l'atelier, trop grande pour être cachée ou ignorée. Duncan l'a retouchée et transformée sans résultat. Elle semblait démoniaque, vouée à l'effort et à l'échec — un cauchemar quotidien. Après sa mort, je l'ai détruite, un acte blâmable, sans doute, mais une sorte d'exorcisme.

Quand Duncan s'intéressait à une nouvelle idée, il se mettait à dessiner sur des bouts de papier avec un crayon 4B, une cigarette aux lèvres et un air préoccupé qui le protégeait des questions. Avec une rapidité étonnante, des figures mythologiques, animales ou humaines, prenaient vie sur la page. Il continuait en accrochant de grandes feuilles de papier sur lesquelles il traçait son ébauche au fusain de ses gestes toujours gracieux et dansants. Dans la phase suivante, il sortait son stock de papiers de couleur et les découpait selon les formes voulues, puis les épinglait sur son projet, technique qu'il utilisa pour les panneaux du *Queen Mary*[1]. Dans ces moments-là, il était complètement immergé dans ce qu'il faisait et parfaitement

---

1. Le *Queen Mary* était un paquebot de la compagnie Cunard-White Star qui avait commandé en 1934 à Duncan des grands panneaux décoratifs. Une fois qu'ils furent achevés, Cunard décréta qu'ils ne convenaient pas, refus qui provoqua un scandale public. *(N.d.T.)*

heureux. Dérangé en pleine félicité par le téléphone ou la cuisinière, il gardait son calme et se remettait au travail sans sourciller.

Sans Duncan, la vie devenait terne. Quand il était là, elle prenait une brillance particulière et redoublait d'intérêt. Il lui suffisait d'être lui-même pour rendre magiques les actes banals de la vie quotidienne. En sa compagnie, un simple tour au jardin devenait, de par l'acuité de ses observations, une promenade au pays des merveilles. En vieillissant, il devint de plus en plus contemplatif, se perdant dans ce qu'il voyait, fasciné et ravi par le mystère de l'existence. Très âgé, il est resté alerte, réceptif, éveillé, réchauffant ceux qui l'entouraient de l'éclat de son affection.

III

Virginia et Vanessa

Pour écrire sur Virginia, la meilleure approche me paraît être celle qui passe par ma mère, Vanessa. Angulaires et ambiguës, les deux premières lettres hésitent, symboliquement, entre le V et le U. Les deux sœurs commencèrent leur vie avec les mêmes initiales, V.S., puis l'une changea pour V.W., une variante proche de l'original, l'autre pour V.B., une ronde et solide addition. Quand je vois V.B. sur la plaque minéralogique d'une voiture, j'ai aussitôt un frémissement de reconnaissance ; V.W. semble ne pas avoir cours sur les immatriculations.

Vanessa était la plus pratique, la plus robuste, la plus terrestre des deux. Virginia l'a toujours dit, et la différence avait dû se marquer dès leur enfance. Vanessa, l'aînée, une réussite sociale, se maria la première et eut des enfants. Elle savait mélanger les couleurs, tendre des toiles, cuisiner et régler les situations délicates. Elle avait le talent féminin de prêter une oreille bienveillante aux discussions et aux idées des hommes de leur entourage. Cela lui gagna une place particulière dans le cœur de Bloomsbury. Les hommes sortis des universités, habitués à la liberté de la société masculine ou au bavardage poli et anodin de leurs mères et de leurs sœurs, trouvaient délicieux d'être écoutés par cette madone pleine d'humour, même si elle était un peu sauvage, un peu originale, un peu *sans façons* *. C'était piquant et, finalement, reposant d'être plongé dans une atmosphère féminine sans devoir se soumettre aux faux devoirs des conventions.

Virginia, au contraire, était timide et maladroite, souvent silencieuse, parfois en verve mais, alors, capable d'extravagances et de folies qui terrifiaient les malheureux non avertis. Sa beauté limpide alliée à sa langue de vipère était fatale aux timides, trop craintifs pour répondre et qui, séduits sans s'en rendre compte, se réveillaient, comme Bottom[1], dans une contrée féerique bruissant de rires malveillants.

Virginia eut toujours le talent de démolir ceux qui n'étaient pas sur leurs gardes : ça lui était tellement facile qu'elle résistait mal à la tentation. Comme bien des gens qui ont des demandes excessives, elle avait beaucoup à donner : quand il lui arrivait de blesser ses amis, ils lui pardonnaient et revenaient à elle pour cette noblesse si pure qui a fasciné tant de personnes diverses. Un cours d'eau claire comme le diamant, dure et scintillante, transparente, bouillonnante, âpre, génératrice de vie.

Quand je l'ai le mieux connue, l'âge et l'expérience, l'ayant adoucie, l'éclairaient d'une lumière plus tendre. Elle avait toujours l'air vulnérable — l'ombre de ses tempes à la peau transparente parcourue de veinules bleues ; les rides de son front haut et étroit ; la tension de ses lèvres sardoniques tombant aux commissures ; l'aplat de son nez, tel le bréchet d'un oiseau ou l'aile d'une chauve-souris et, au-dessus, ses tristes yeux gris-vert, profondément enfoncés.

Comme tous les Stephen elle était triste au repos — une de leurs attitudes caractéristiques —, mais la moindre vaguelette alentour allumait dans son regard un éclat de connivence et d'intelligence. C'était une grande taquineuse et une impudente flatteuse, avide de l'affection de ceux qu'elle aimait. Elle adorait les surnoms: elle appelait Vanessa *Dolphin,* elle-même *Billy Goat* ou *The Goat*[2], j'étais Pixerina, Leonard, Léo, etc. Virginia nous inventait des personnalités, luxe qui nous plaisait et nous irritait en même temps, à demi amusés de nous

---

1. Personnage du *Songe d'une nuit d'été,* de Shakespeare, métamorphosé en âne. *(N.d.T.)*
2. *Dolphin* : Dauphin ; *The Goat* : La Chèvre. *(N.d.T.)*

voir magiquement métamorphosés comme dans un miroir de foire déformant.

Virginia avait de Vanessa une image qui l'élevait jusqu'aux sommets de l'Olympe où, inconsciemment, elle situait sa demeure. Comme une diapositive aux couleurs intenses posée sur le dessin original, cela pouvait à l'occasion correspondre, ou non. Elle magnifiait démesurément les qualités pratiques de Vanessa. Il est vrai que Virginia ne pouvait se résoudre à recoudre ses vêtements et préférait maintenir ses chiffons de soie avec une broche en or, mais elle savait cuisiner et mettre des fruits en bocaux ; je me souviens fort bien de sa fierté pour son buffet dans l'escalier de Monk's House[1], rempli de groseilles à maquereaux vert jade et de framboises d'un pourpre sombre. Elle avait aussi un don visuel : l'intérieur de ses maisons était frais et civilisé, les couleurs sourdes mais variées. Ce n'était jamais étudié ou vaniteux, bien qu'elle fût difficile dans le choix de ses objets et de ses meubles. Leonard disait que, depuis la fenêtre de sa voiture, elle remarquait dans les vitrines des antiquaires des choses qui valaient presque toujours la peine d'être vues de près.

La force de Vanessa résidait dans sa proximité avec la réalité, le monde quotidien. Par comparaison, elle était calme, comme une mare sur laquelle les feuilles, lentement, dessinent de nouveaux motifs et prennent d'autres couleurs. Elle préférait accepter plutôt que protester, recevoir plutôt que prendre. Peu attachée aux idées abstraites, elle se laissait guider par sa sensibilité plus que par son intelligence. Elle défendait, en théorie, le rationalisme, mais agissait souvent de manière compulsive. Instinctivement, elle avait restreint sa vie aux deux domaines qui lui importaient vraiment, sa peinture et sa famille. Le monde tout autour lui semblait menacer ces deux pôles et elle voulait manifestement limiter ses affections et ses sympathies. L'amour, pour elle, était une émotion exclusive : elle protégeait

---

1. Monk's House se trouve dans le village de Rodmell, à une quinzaine de kilomètres de Charleston. Leonard et Virginia avaient acheté cette maison, petite et ordinaire, aux enchères pour sept cents livres sterling en 1919. Elle devint leur seul et ultime refuge à la campagne, facilement accessible depuis Londres. *(N.d.A.)*

son cercle intime d'une haute palissade qui projetait son ombre à l'extérieur comme à l'intérieur.

Pour Virginia, me semble-t-il, Vanessa était parfois redoutable, incarnant l'esprit de justice et l'autorité hérités de ses ancêtres, les Stephen. Virginia dansait autour d'elle comme la libellule autour du nénuphar, fonçant pour attaquer et disparaissant dans les airs avant que Vanessa n'ait pu réagir. Vanessa dégageait une sorte de chaleur stoïque, une fermeté monolithique rappelant à certains moments l'implacable sourire de la primitive Aphrodite, à d'autres, les creuses statues de Erewhon que le vent fait siffler. Elle était là, assise à coudre, à peindre ou à écouter. Vanessa se tenait toujours assise, à la place d'honneur, au bout de la table, près du feu, sous le pommier. Même si elle parlait peu, il émanait d'elle une immense puissance, quelque chose d'aussi pénétrant que l'odeur de la sauge écrasée. Elle présidait, sage mais assez peu sûre d'elle, attentive mais un peu lointaine, l'esprit néanmoins toujours en éveil. Ses sentiments avaient une force qu'elle trouvait les mots incapables de rendre. Les mots, elle les abandonnait volontiers à sa sœur, pour continuer à peindre. Virginia, loin d'être une femme assise, personnifiait l'inlassable marcheuse. Dans ses longues jupes en tweed, avec ses longues cuisses et ses mollets fins, à pas de loup elle arpentait les Downs et les noues, suivait la rivière, se faufilait dans la cohue londonienne, flânait sous les arbres du parc, autour de la place. Elle n'était jamais paisible, jamais vraiment tranquille. Même assise avec une amie pour le thé, genoux anguleux et porte-cigarettes, elle frissonnait de curiosité, avide de nouvelles et de potins.

Leonard serrait les cordons de la bourse, n'allouant à Virginia que très peu d'argent de poche par semaine. Elle était libre de le dépenser à sa guise, mais taquinait néanmoins souvent Leonard au sujet de sa « dépendance ». Obligée de compter les shillings, elle n'en ressentait que plus vivement les plaisirs qu'ils pouvaient lui procurer. Elle adorait faire les courses et, comme une enfant, était toujours prête à succomber à la tentation de rubans de couleur, de cire à cacheter, de carnets et de crayons. Nous allions chez Kettle, sur New Oxford Street, acheter du papier à en-tête, des trombones et renifler la drôle d'odeur de la poussière et du papier kraft. Elle rappelait un peu celle de la chambre où Virginia écrivait, au sous-sol de Tavistock Square, installée près de la chaudière à gaz, entourée de piles de livres et de murs de pages. Je ne suis pas allée souvent dans cet antre. D'habitude, je montais à l'étage où nous nous amusions à faire des poupées en papier et à jeter des morceaux de sucre par la fenêtre sur les carrioles. Très généreuse, Virginia, quand elle fut plus riche, nous couvrit de cadeaux, Vanessa et moi. Lorsque je grandis, ce fut surtout des vêtements mais les après-midi passés à ces emplettes étaient moins amusants. Face aux vendeuses, elle redevenait timide, maladroite, incapable de leur dire qu'une robe ne m'allait pas, ou de leur suggérer quelque chose, si bien que, généralement, nous finissions sur un compromis peu excitant, soulagées à l'idée de rentrer bientôt à la maison prendre un thé et des *Chelsea buns*, ces petits beignets très appréciés des habitants de Londres.

Les deux familles, les Bell et les Woolf, se voyaient souvent. À Londres, elles se retrouvaient le dimanche dans l'appartement de Clive Bell, à Gordon Square ; les week-ends d'été, nous nous réunissions pour le thé, soit à Monk's House, soit à Charleston. Si le temps était beau, nous nous installions au jardin. Nessa présidait, au bout d'une table très basse, tandis que Virginia et Clive se taquinaient, enfoncés dans leurs chaises Rorky qui couinaient à chaque mouvement. Clive, détendu et pensif, tirant avec délectation sur sa pipe, portait des vêtements vieux mais propres. Virginia, souvent coiffée d'un chapeau, était élégante malgré ses gestes saccadés. Elle avait un air plus doux, plus attentif à Charleston qu'à Monk's House où elle devait jouer le rôle d'hôtesse. Là, nous prenions toujours le thé dans la salle à manger, d'un vert aussi sombre qu'un vivier, qui s'enfonçait sous le niveau du jardin. Il y avait d'ailleurs un aquarium dans un coin, devant lequel je m'arrêtais pour regarder les mains tremblantes de Leonard[1] éparpiller des œufs de fourmis pour les poissons qui remontaient avec indolence à la

---

1. Léonard était atteint d'une maladie nerveuse légère qui faisait trembler ses mains. *(N.d.A.)*

surface, les avalaient, les rejetaient, les ravalaient avec une apparente indifférence. Les plantes, sur le rebord de la fenêtre, donnaient une lumière verte à la pièce et, à travers leurs feuillages, on voyait arriver les pieds des visiteurs tardifs ou inattendus. Virginia agitait sa cigarette avec une excitation contagieuse et s'embarquait dans des récits fantasques qui nous faisaient tordre de rire. Nous l'encouragions jusqu'à ce que Leonard crève ses extravagances d'une pique acérée ou relève, d'un ton neutre, la fausseté d'une affirmation. Alors nous sortions au jardin pour notre rituelle partie de boules.

En dehors de ces invasions familiales, l'atmosphère de Monk's House était concentrée, calme, mystérieuse. Les plumes et l'encre y remplaçaient les pinceaux et la térébenthine et on ne s'y livrait à aucune occupation manuelle, sauf Leonard qui jardinait. À notre arrivée, il surgissait de derrière un buisson, en manches de chemise, les bottes pleines de terre, un sécateur à la main. Alors, nous allions ensemble chercher Virginia que l'on trouvait en train de lire dans son lieu favori, sous les châtaigniers, près du cimetière. Converser était leur principal divertissement ; les gens les plus divers passaient ; la maison était comme un coquillage dans lequel l'eau de mer entre et sort, l'imprégnant de son goût salé.

Je suis allée plusieurs fois voir Virginia, seule avec Vanessa, et je m'amusais toute seule tandis qu'elles s'adonnaient avec plaisir à ce qu'elles appelaient un bon petit papotage. L'intimité de ces moments ne m'a pas quittée et je me prends souvent à envier les rapports entre sœurs. Elles se comprenaient à la perfection et c'est probablement ensemble qu'elles donnaient le meilleur d'elles-mêmes. Le passé les liait, peut-être aussi la connaissance de leurs tempéraments opposés. Chacune savait que ce qui lui manquait, elle ne le trouverait que dans l'autre.

IV

Enfance

Y eut-il une vraie nursery à Charleston ? Je ne le crois pas et, pourtant, je suis presque sûre que je ne prenais pas ordinairement mes repas avec les adultes. À la cuisine, le plus souvent, avec Grace, Louie, Lottie — d'autres, peut-être[1]. Sombre, chaude, pleine de buée ; même en été le poêle était allumé : Lottie le faisait rugir, manipulant les ronds en fonte du dessus. Je voyais des cercles orange, entrevoyais la chaleur blanche. Affamés par notre promenade, nous nous installions autour de la table carrée pour dévorer des tartines de pain blanc beurré et boire le lait de la ferme. Louie, assise sur le bord de sa chaise, nous avait à l'œil : dans la salle à manger elle ne pouvait pas veiller sur nos bonnes manières mais, dans la cuisine, nous devions bien nous tenir. Elle nous protégeait aussi : gare

---

1. Les domestiques tenaient une place importante dans nos vies car, venant de la campagne, elles vivaient chez nous où elles avaient une chambre et mangeaient à la cuisine. Malgré leur salaire affreusement maigre, elles semblaient contentes, quoique très émotives. Elles et leurs problèmes occupent une grande place dans de nombreuses lettres échangées entre Virginia et Vanessa. Elles étaient, sinon très efficaces, selon moi, du moins nécessaires. Grace fut la plus remarquable et la plus aimée : elle arriva toute jeune dans les années 1920 et continua à travailler pour Duncan et à Charleston jusqu'aux années précédant sa mort. Très jolie, gaie et séduisante, elle aurait pu se marier « au-dessus de sa condition » mais elle choisit un mari du Sussex, qui devint jardinier à Charleston et dont elle eut un fils. Louie, venue aussi d'un village du Norfolk, fut ma nurse jusqu'à ce que j'aille en pension et qu'elle se marie. Simple, timide, elle était plus conventionnelle et moins charmante que Grace ; elle eut sur mon comportement un effet sinon salutaire, du moins répressif. *(N.d.A.)*

à la folâtre Lottie, si elle nous faisait peur ! J'aimais Louie mais Lottie était plus fascinante. C'était une enfant trouvée, ce qui explique pourquoi elle s'appelait Hope. Personne ne connaissait son vrai nom. Elle avait été abandonnée dans un berceau, à la porte de l'hôpital, et des gens l'avait recueillie et soignée. Elle avait les cheveux frisottés d'un Golliwog[1], d'élégantes jambes à la Mistinguett. Avec ses chaussures à lanières, sur le sol de la cuisine, on aurait dit qu'elle faisait des claquettes dans sa jupe plissée virevoltante. Parfois, elle avait le nez très rouge et elle le grattait avec son mouchoir de poche comme s'il la démangeait. Où ai-je entendu dire qu'elle avait toujours une bouteille de whisky dans sa chambre ? Et qu'il lui arrivait de s'emporter violemment ? Quand la maison prit feu, ce fut elle qui remarqua l'odeur et qui courut, surexcitée, avertir Vanessa. Les poutres se consumaient, brûlant, semblait-il, depuis des semaines. Lottie était une femme des extrêmes : le matin, elle se levait la première pour retirer les cendres du feu et le faire repartir, ce qui devait faire fondre toute sa graisse, car elle était maigre et sombre, dansant avec énergie devant ses casseroles. Elle était rieuse, loufoque, la tête pleine d'étranges superstitions qui faisaient soupirer Nessa, quand elle lui indiquait le menu du dîner, après le petit déjeuner. Persuadée d'avoir versé de l'eau froide sur les idées de Lottie, elle découvrait immanquablement, le lendemain, qu'elles lui étaient revenues. Par exemple, Lottie était persuadée que nous raffolions de son cake aux fruits chaud, noir de raisins secs et prestement recouvert d'un épais et tendre glaçage dans lequel elle enfonçait des cerises brillantes qui ressemblaient à des perles de verroterie. Nous avions beau renvoyer impitoyablement le cake à la cuisine, en lui disant qu'il était trop frais, nous ne provoquions qu'un découragement éphémère et, la semaine suivante, elle nous en servait un autre, identique. Cela dura jusqu'à ce que Vanessa, à bien des égards la moins difficile des maîtresses de maison, irritée par l'extravagance de Lottie, découvre une provision de cerises et des tonnes de raisins secs au fond du buffet de la cuisine.

---

1. Baigneur noir en chiffon d'apparence grotesque. *(N.d.T.)*

Ce ne fut pourtant pas Lottie mais une cuisinière anonyme que nous employions pendant les vacances, qui nous étouffa sous ses gelées. Cette reine de la gelée remplissait des plats en verre biseauté, qu'elle avait trouvés dans un coin, d'une sorte de pâte rouge, jaune et verte. Aucun déjeuner, dîner ou goûter n'y échappait. Rien n'aurait pu ébranler sa conviction que nous adorions cela. Nous finîmes par penser qu'elle devait être un peu bornée — mais elle devait se dire la même chose de nous.

Une fois assez grande pour avoir le droit de rester au dîner, chaque soir devint une fête en l'honneur de laquelle, après une journée passée à me barbouiller de peinture ou de la boue de la rivière Ouse, je me baignais dans la petite salle de bains archaïque puis enfilais quelque chose de propre qui me donnait toujours l'impression d'être une robe du soir. Nessa aussi se changeait et mettait les longs pendants d'oreilles que Roger lui avait offerts. Elle était superbe mais elle restait aussi calme et posée que d'habitude.

Clive, lui, était impeccable en toutes circonstances — on l'imaginait enfilant des gants ou se protégeant d'un mouchoir dès qu'il avait à toucher quelque chose de sale. Il ne se changeait pas pour dîner mais il apportait avec lui un certain art de susciter des événements, un besoin de rendre tout plus excitant. Il nous appelait, moi et une amie, les « jeunes ladies », et qu'avions-nous donc « fabriqué » aujourd'hui ? Il imaginait ceci ou cela et, avec un sourire entendu, nous prêtait toutes sortes d'occupations délicieuses et amusantes auxquelles nous n'aurions jamais pensé. Il nous faisait la conversation puis, ayant satisfait notre besoin de nous faire remarquer, se tournait vers quelqu'un d'autre. Parfois, il appelait Duncan « le colonel », ce qui avait le don de mettre ce dernier en rage : il se frottait le nez entre le pouce et l'index, à la recherche d'une bonne réplique impossible à trouver et finissait par rire de cette attaque sans rime ni raison. Duncan intervenait toujours sur un mode très personnel, nous racontant quelque escarmouche avec un représentant de l'ordre à Lewes, ou sa réaction inattendue devant une œuvre d'art connue qu'il était « passé voir » après des années d'oubli. Cela enclenchait le genre de conversation que Clive adorait, et où il pouvait donner libre cours à son érudition et à sa finesse, bien qu'il restât toujours attentif à l'originalité de Duncan. Ce lien profond — bien plus qu'un simple *modus vivendi* — qui les unissait, Vanessa, de l'autre côté de la table, l'observait avec un amusement détaché mais un peu envieux. Elle intervenait rarement, à moins qu'on ne la prenne à partie et, quand il était question d'une œuvre d'art, ses réactions étaient d'un vague à rendre fou. Elle détestait s'engager, quoique tout lui parût évident — son opinion était faite, et depuis des années. Il y avait peu de chance pour que, sur un sujet aussi important, elle changeât d'avis.

Julian, qui se sentait bien dans son environnement quotidien mais rêvait, en même temps, de faire la révolution et de tout chambouler, ne pouvait s'empêcher d'introduire des sujets politiques — locaux, peut-être, mais aussi rouges que n'importe quels autres pour le taureau. Clive s'efforçait de rester calme mais voulait quand même dire son mot, d'une certaine longueur, devant un Julian pas du tout d'accord, se tortillant sur une chaise qui finissait par protester elle aussi en émettant une sorte de couinement jusqu'au moment où il levait la main, sans aller pourtant jusqu'au coup de poing sur la table. Parfois, Nessa intervenait d'une voix calme… Mais les émotions intenses étaient généralement désamorcées. Seuls le dîner, la soirée comptaient.

C'était Quentin qui apportait le levain de l'objectivité à ces échanges, des pensées auxquelles personne n'avait songé, qui allaient plus loin, revenaient en arrière, établissaient des liens ; des pensées plaisantes, réfléchies, intelligentes et tout aussi érudites que celles de Clive. Tous, enchantés, nous nous calions dans nos sièges et sirotions notre vin pendant que Vanessa découpait la volaille ou servait le sabayon.

Après le dîner, on me soumettait parfois à un questionnaire sur l'histoire de l'Angleterre, censé m'aider à l'école, mais le plus souvent, je chantais des chansons en m'accompagnant moi-même pendant que les messieurs fumaient leurs cigares et buvaient leur brandy. D'autres fois, je me contentais de faire du charme à mes frères ou à des invités ; de toute manière, j'étais outrageusement gâtée et mon ego tout aussi outrageusement gonflé, ce qui donne probablement la clé de mon caractère.

V

Lecture à haute voix

Quand je pense à la Londres des années 20, avec ses hauts plafonds pleins d'ombres, ses sous-sols victoriens, ses escaliers couverts de linoléum et ses bandes de pavés d'York s'étendant à perte de vue le long des rails, cela m'assombrit et m'évoque l'obligation — pour moi inconnue — de me conformer aux bonnes manières. J'allais à des cours de danse à Hampstead, à des leçons de piano à St John's Wood, à des goûters chez les Raverat auxquels je me rendais à pied ou en bus avec Louie, ma nourrice, correctement vêtue d'un manteau, d'un chapeau, d'un foulard, de gants, avec des chaussures cirées et des chaussettes bien tirées. L'effort accompli pour ressembler aux autres petites filles que je rencontrais en ces occasions était immense mais le résultat, je le savais, médiocre. Comme si la spontanéité, la sensualité de la vie avaient été étouffées par l'uniformité de la brique et du mortier, des rues affairées et de l'éternel vacarme londonien.

La ville captive l'esprit (il ne peut en être autrement, dans une certaine mesure) plutôt que les sens et le mien était paresseux, résistant aux efforts de Rose Paul pour m'apprendre l'arithmétique et l'orthographe dans son école de Mecklenburgh Square, propre, reluisante mais qui me restait étrangère. Je ne brillais d'un éclat éphémère que lorsque l'on me demandait de réciter un poème ou de dessiner d'après nature un précieux aigle en faïence trônant sur le manteau de la cheminée. Ces moments de satisfaction étaient couronnés d'un doux succès quand les trois mères, Mrs Nelson, Gwen

Raverat[1] et Vanessa, rafraîchies et revigorées par une tasse de thé, s'asseyaient sur le petit canapé sous la fenêtre et écoutaient leurs trois filles réciter des poésies comme « I remember, I remember, the house where I was born… [2] » qui, pour moi, exprimait si bien ma nostalgie de Charleston.

Quand enfin arrivait le moment d'y retourner, ce n'était pas le voyage mais l'arrivée qui comptait, inaugurant de longues semaines de vacances — une suite ininterrompue de journées emplies de sensations agréables, parfois exaltantes, que n'entravait presque aucune contrainte ni convention. Louie menait sa bataille pour les bonnes manières mais, sous le parapluie protecteur des grandes personnes, je pouvais me permettre de ne pas m'en soucier — pieds nus, cheveux en bataille et petites robes courtes souvent tachées de peinture ou de jus de mûres. Le jardin abritait notre intimité comme parfois nos divergences d'opinion et, au-delà, s'étendaient les champs de blé les plus ensommeillés du Sussex, cernés au loin par la noble courbe de Firle Beacon. À l'époque, les roucoulements passionnés des pigeons ramiers ou les meuglements plaintifs des vaches étaient les plus insistants de tous les bruits du dehors.

Ce monde, Vanessa semblait non seulement le diriger mais lui avoir donné vie, avec le souffle attribué à Dieu au moment de la Création. Elle avait tendu la main et voici que Charleston, les Downs, le Weald, les noues et, jusqu'à un certain point, Lewes et Rodmell, Leonard et Virginia, étaient apparus dans toute la plénitude de leur existence — immuable pour l'enfant que j'étais. Le moindre changement était ressenti comme une dérogation faisant sournoisement voler en éclats une vision quasi parfaite, aussi démodée ou malcommode fût-elle. Vanessa, à table, découpant le rôti ou servant le café, était positivement notre seule nécessité. La vie sans elle était inconcevable et

---

1. Elle était la petite-fille de Charles Darwin. Très bonne graveuse de profession, elle écrivit, dans sa vieillesse, un délicieux récit sur son enfance intitulé *Period Piece*. Son mari Jacques, français, était peintre. Ils vécurent en France jusqu'à la mort de ce dernier en 1925. *(N.d.A.)*

2. « Je me souviens, je me souviens de la maison où je suis née… » Poème (1846) de Thomas Hood, poète mineur connu à l'époque. *(N.d.T.)*

quand elle s'absentait, ce qui était fort rare, j'attrapais immédiatement les oreillons ou me coupais le doigt avec un nouveau canif, à moins que quelqu'un n'arrivât à l'improviste et, avec la plus grande bonne volonté, mît tout sens dessus dessous.

Vanessa avait cependant une autre place tout aussi importante : c'était devant son chevalet ; là son regard, bien que toujours aussi doux, était néanmoins concentré, dans un lointain abstrait, sur de ravissantes combinaisons de couleurs, de lumières et d'ombres avec lesquelles elle semblait maintenir une communion constante. Coupée mais consciente des bruits et des rythmes quotidiens en arrière-plan, elle ne perdait jamais le fil d'Ariane qui reliait sa main précise et ses grands yeux gris à son sujet. Sans oublier, pour autant, les exigences de la vie de famille. Quand le sentiment du temps écoulé ou la fraîcheur du soir devenaient pressants, elle grattait sa palette, attachait ses pinceaux sales avec un chiffon, rentrait sa boîte et sa toile avec des soupirs mêlant plaisir et frustration.

C'était la fin d'un moment de joie pure, mais elle ne restait pas inactive. C'était mon heure, tant attendue et tant appréciée, non seulement par moi mais aussi, je suis heureuse de le dire, par Clive et même par Duncan, s'il ne continuait pas à peindre alors qu'on n'y voyait presque plus. On allumait un feu dans la pièce donnant sur le jardin et Vanessa me lisait à haute voix des passages des Brontë, de George Eliot ou des pages de Jane Austen, auteur plus populaire dans la famille. Elle lisait d'une voix basse, fraîche, maîtrisée qui réussissait à donner une certaine dignité aux monologues de Miss Bates ou aux inanités de Mrs Bennet, qui savait transmettre l'autorité calme mais intolérable de Mr Knightley ou suggérer mystérieusement l'intérêt passionné de Mr Darcy pour la malheureuse Elizabeth, à la fin du roman. Son plus grand triomphe, sans doute, fut de me voir éclater en sanglots quand George Osborne meurt sur le champ de bataille de Waterloo dans *La foire aux vanités* de Thackeray... Cela ne se passa pas à Charleston mais dans un hôtel non loin du Cobbe[1], à Lyme

---

1. Longue jetée de pierre à côté du port. (*N.d.A.*)

Regis. J'étais jalouse de la fille de Mrs Younger, mon amie Eve, qui contrairement à moi avait lu *Persuasion*, et pouvait donc parler en adulte à Vanessa d'un sujet dont j'étais exclue. Si Vanessa avait un don dramatique, c'était surtout une lectrice infatigable, apaisante, presque hypnotique et dont la voix me reliait aussi sûrement au XIXe siècle que si j'y avais vécu moi-même.

VI

Voyages

Avec mes parents, Vanessa Bell et Duncan Grant, nous sommes souvent partis à l'étranger d'où nous sommes pourtant toujours revenus. Ces échappées hors de la vie anglaise étaient pour nous des incursions dans un monde plus vaste, plus cosmopolite qui ne manquait toutefois pas de repères, de liens familiers avec le passé et le présent — Raphaël et Piero mais aussi Matisse et Picasso. Quand nous installions nos chevalets quelque part, c'était à côté d'une colonne romaine, d'un monument d'Alberti ou dans un paysage rappelant Corot ou Cézanne : nous étions imprégnés d'un sentiment de continuité, de parenté spirituelle qui, pour mes parents du moins, était source de plaisir et d'inspiration.

Vanessa aurait aimé voyager invisible ou tout au moins *incognito*, enfermée dans la bulle de ses rêves et de ses abstractions, mais elle estimait de son devoir — et nous aussi — d'organiser les aspects pratiques de notre voyage. C'était elle qui allait à l'agence Wayfarer réserver les billets, elle qui se chargeait de tous les coups de téléphone, elle qui faisait réparer la voiture et laissait des instructions pour le courrier, elle qui prenait la responsabilité du succès ou de l'échec de notre aventure.

Car c'en était toujours une pour nous même si, fort heureusement, il n'y eut jamais de catastrophe. L'excitation que nous ressentions à voir s'éloigner les falaises de Douvres tandis que grandissaient celles de Calais ressemblait beaucoup à la fièvre d'un lever de rideau au théâtre, à la différence que nous pouvions aller derrière ce rideau et nous mêler aux acteurs qui, sans se soucier des feux de la rampe, jouent leur rôle à la perfection. Les défauts des Britanniques, trop bien connus et compris, s'effaçaient temporairement pour laisser la place à des habitudes et des modes de vie à demi oubliés que nous retrouvions avec un plaisir toujours renouvelé. Un petit café, une bonne table, un accueil bienveillant huilent les rouages, et nous les considérions comme des luxes. C'étaient d'ailleurs les seuls : la voiture, conduite par Vanessa et Duncan en alternance, était si chargée de bagages qu'il restait à peine un peu de place aux humains. Les hôtels étaient choisis pour leur ambiance plus que pour leur confort : en France, la plomberie ne marchait pas et l'électricité à peine, en Italie, les deux étaient déplorables et, avant que les Américains ne gagnent la guerre contre les parasites, il y eut bien des batailles à mener contre les cafards et les puces. La seule chose qui était presque toujours bonne, c'était la nourriture — préparée plus soigneusement qu'aujourd'hui. Mais tout cela était accessoire, on en profitait, on en riait, on oubliait. Le vrai but de l'excursion était un état d'esprit, une communion avec les spectacles qui s'offraient à nous, indicible mais partagée à coups d'interjections, de soupirs, de petits gestes. Le temps était lent, la température modérée, peu de choses nous échappaient, beaucoup nous ravissaient.

Partout où nous allions, nous avions à peu près la même routine qu'à la maison: petit déjeuner avec autant de café chaud que l'on pouvait en commander ou en obtenir, pause cigarette, mise à jour des comptes, organisation de la journée ; ensuite, tout le monde disparaissait pour aller faire sa toilette, récupérer les pinceaux qui avaient été soigneusement nettoyés la veille et laissés dans le verre à dents de la salle de bains, ainsi que les boîtes de peinture, les toiles ou les panneaux, les chevalets, etc. Puis, en route vers le motif, généralement à pied, Vanessa rappelant la Reine Blanche[1], et Duncan, un mélange de Charlie Chaplin et d'Apache du côté de Montmartre. Il

---

1. Personnage du roman de Lewis Carroll *De l'autre côté du miroir*. *(N.d.T.)*

l'aidait, bien sûr, à porter son attirail, mais s'il décidait d'aller dans une autre direction, nous pouvions nous attendre à le voir revenir secondé d'un nouvel ami, les bras chargés de ses affaires. Il avait l'extraordinaire faculté de pouvoir se concentrer sur sa toile, de poser délicatement ses petites touches de peinture, tout en menant une conversation simplifiée, dans une langue étrangère, avec quelque adolescent terriblement sérieux et timide rêvant de devenir peintre, lui aussi. C'était peut-être le regard étrangement lointain de Duncan, fixé à la fois sur son sujet et sa propre vision, qui attirait les gens. On voit opérer le même magnétisme entre les hommes et certains animaux qui semblent vous donner des marques d'amitié mais qui restent, au fond, très distants.

En Italie surtout, de petits attroupements de curieux se formaient invariablement autour des deux peintres. Il y a peut-être des tempéraments portés à se mettre en scène, mais ce n'était le cas ni de Vanessa ni de Duncan. Vanessa faisait son possible pour éviter ce genre de situation, fût-ce au sacrifice d'un bon point de vue : elle préférait un coin d'ombre sous un pont ou quelque corniche trop étroite pour deux personnes.

Mais, parfois, elle n'y parvenait pas et il y avait des jours où elle revenait déjeuner exaspérée par les bouffonneries des gosses incapables de résister à la tentation de mettre leurs doigts dans ses attrayants tortillons de vermillon ou de cobalt et de s'en barbouiller les joues et le nez. À Rome, sa foi totalement injustifiée en la nature humaine l'avait conduite à laisser nos passeports sur une pierre pendant qu'elle se concentrait sur les cyprès du jardin Médicis, ce qui, évidemment, nous valut des heures d'interrogatoire de la part des autorités fascistes.

Installés à une petite table de café, nous passions de nombreuses soirées à écrire des lettres remplies de ce genre d'anecdotes, les exagérant pour faire rire nos correspondants dont le plaisir imaginé redoublait le nôtre. Après le dîner, quand les lampes s'allumaient et que les fontaines murmuraient, nous retournions dans nos lits de fer aux matelas bosselés pour dormir profondément et tout recommencer le lendemain matin.

VII

La filière française

1

Aussi loin que je m'en souvienne, ma vie a toujours été, de manière diffuse, liée à la France, et j'irais même jusqu'à dire que rien n'aurait eu le même parfum sans cette attache.

Vanessa me disait souvent, pour me flatter et m'exciter, que j'avais du sang français dans les veines. Puisqu'il remontait au XVIIIe siècle, il s'était assurément mélangé à d'autres, mais ce qu'il en restait était une source de fierté suffisante — un bon prétexte, en tout cas, pour nous rattacher, par l'imagination, à ce pays que nous admirions tant, de l'autre côté de la Manche.

Par une sorte d'héroïque indifférence, Vanessa s'était arrangée pour éviter la plupart des aspects du snobisme, cependant il me semble que son attitude envers la France n'en était pas exempte. Comme l'amour, le snobisme est une façon de s'abandonner, pour des raisons échappant à notre contrôle, à une puissante fascination, et ce mystérieux état se justifiait peut-être, dans les moments de doute, par le fait qu'une arrière-arrière-grand-mère avait été mariée à un page de Marie-Antoinette. Mais il y avait d'autres mobiles, d'une nature infiniment plus puissante, liés à des peintres comme Corot, Chardin, Seurat et Cézanne dont la solidité radieuse et pourtant divinement *terre à terre** apaisait la soif de Vanessa pour le visuel, en contraste avec l'expérience littéraire.

C'est en 1927 — j'avais neuf ans — que Duncan, lors d'un séjour à Cassis avec sa mère Ethel et sa sœur Daisy Mac Neil, tomba malade ; on craignit une typhoïde. Affreusement inquiète, avec moi sur les bras, Vanessa décida d'y aller, m'emmenant avec notre *bonne à tout faire* *, Grace Germany.

Cassis, à une trentaine de kilomètres de Marseille, était — est toujours — un petit port et un village de pêcheurs, très aimé des peintres pour son cachet, ses vignobles (remontant à l'époque romaine) et son incroyable ensoleillement qui a le don d'endormir la plupart des angoisses. Tante Daisy était la fière propriétaire d'un yacht qu'elle ancrait parfois au port, ce qui la conduisit sans doute à louer Le Mimosa avec Mrs Grant, une villa qui appartenait à Roland Penrose, située juste en dehors de la ville, surplombée et honorée par la noble et proéminente Couronne de Charlemagne.

Nous passâmes la première quinzaine de notre séjour à l'hôtel Cendrillon, à deux pas du port, à un jet de pierre de la plage malodorante où les petits garçons pêchaient les sardines, où les amoureux s'enlaçaient dans l'ombre éparse des rochers. Chaque jour, Vanessa allait à la Villa Mimosa où un Duncan mal en point passait sa convalescence, me laissant avec Grace apprendre le français dans le petit salon étouffant de Mlle Chevalier, ex-maîtresse d'école et relique de ce qu'on désignait vaguement comme l'Ancien Régime. Honorée et respectée de tous, Mlle Chevalier, infiniment respectable en effet, conservatrice, conventionnelle, vivait avec sa vieille mère dans le centre de la ville. Après avoir étudié un verbe ou deux, nous passions nos matinées à jouer aux cartes ou au jeu de l'oie, réprimant nos bâillements et nous flétrissant dans la chaleur qui envahissait la pièce encombrée, malgré les volets clos et les rideaux en dentelle. Finalement, l'heure sacrée de midi arrivait et nous revenions à l'hôtel avaler une nourriture que je pris immédiatement en dégoût, puis nous montions nous allonger sur nos lits, nous soumettant avec réticence aux coutumes méridionales.

Vanessa finit par louer un petit cube rouge et blanc appelé Villa Corsica, que le docteur Agostini[1] venait tout juste de faire construire. Elle était située, si je m'en souviens bien, pres-

---

1. Un notable de l'époque à Cassis. *(N.d.A.)*

que à l'opposé de la Villa Mimosa. Si cette dernière évoquait modestement la *fin de siècle**, avec une glycine et un mimosa dans le jardin, la Corsica se dressait sur des décombres poussiéreux peuplés de grandes fourmis noires. Je me souviens de notre passage là-bas comme d'une épreuve ponctuée par les promenades, l'après-midi, avec une Grace poursuivie par un certain M. Grigorescu, un des peintres du coin, lequel « bondissait », disait-elle, d'obscurs renfoncements ou de derrière des murs en pierre, pour lui demander sa main.

La raison exacte pour laquelle Vanessa tomba assez amoureuse de Cassis pour réparer et louer La Bergère (qui n'était pas une villa mais une maison de paysan) du colonel Teed[1], c'est seulement maintenant que je peux la supposer car, à l'époque, tout cela semblait aller de soi et nous ne connaissions pas d'autre région de France avec laquelle nous aurions pu faire des comparaisons. Vanessa ne se baignait pas dans la mer mais, évidemment, la Méditerranée avait son utilité en tant que ligne bleue ou violette peinte sur la toile. La chaleur estivale, la vie sociale en ville lui importaient peu, d'ailleurs elle n'allait pas à Cassis pendant les grandes chaleurs ni quand la région était envahie de touristes. Ce qu'elle aimait, c'était l'étonnante pureté de la lumière, le mélange de bleu, d'ocre et d'argent du paysage, souligné par les troncs noirs des oliviers ou les ceps de vigne. À Cassis, elle était en vacances, dégagée des responsabilités anglaises. À La Bergère, elle était détendue, apaisée par la belle et digne Élise qui nous cuisinait des aliments frais achetés au marché sur un lit de charbon incorporé dans la cuisinière. Duncan ou Peter Teed se chargeaient d'aller la chercher dans la petite rue bondée où elle habitait, dans la vieille voiture cahotant sur le chemin bordé de tulipes sauvages et d'anémones, ombragé par les amandiers ou les cerisiers

---

1. Le colonel Teed, à la retraite, avait été lancier au Bengale. Il vivait au château de Fontcreuse, à côté de Cassis, où il produisait du vin, toujours réputé pour sa qualité. Comme il ne pouvait obtenir le divorce de sa femme, il vivait « dans le péché » avec Jean Campbell, une Australienne. Généreux et chaleureux tous les deux, ils faisaient penser à ces colons qui réussissent à créer une oasis d'optimisme et de secours en terre étrangère. (*N.d.A.*)

en fleurs. Élise prit Grace sous son aile et lui apprit à cuisiner avec des herbes et de l'huile d'olive.

Pour Vanessa, sinon pour Duncan, la solitude était une nécessité première mais elle ne la trouvait pas plus à La Bergère qu'à Charleston. Nous n'étions pas en Angleterre, évidemment, mais pas vraiment en France non plus. Sous un ciel plus inflexible, dans un climat plus chaud, c'était Charleston reconstitué, à échelle réduite. Une saison, j'eus le bonheur d'avoir une gouvernante française, Sabine, mais je ne suis jamais allée à l'école française et je n'avais pas d'amie française de mon âge ; nous n'étions pas non plus invités par les familles françaises alentour — le contraire eût été étonnant. Nous fréquentions surtout des peintres, de diverses nationalités, ou des colonels expatriés et leurs épouses. Ils menaient tous une existence agréable, s'attardant aux tables des cafés, lézardant au soleil dans leur jardin ou devant leur chevalet, avec un verre de vin de la région.

Au fond, ce que Cassis offrait à Vanessa, c'était simplement une autre lumière. Étant donné ce qu'elle était, partagée entre son amour de la peinture et son amour pour Duncan, elle prenait de la France ce qui lui convenait, laissant le reste se débrouiller tout seul. Elle n'éprouvait aucun intérêt pour la grande vie mondaine et n'avait pas, comme Clive, le moindre désir de participer aux brillantes et spirituelles conversations des salons proustiens tenus par des princesses et des ambassadeurs ; sa sympathie allait plutôt aux relations concrètes de la vie quotidienne avec les bricoleurs de toutes sortes, les garagistes et les *bonnes à tout faire* *, pour lesquels elle éprouvait généralement de l'admiration et de l'affection et qu'elle trouvait pleins d'une dignité et d'un bon sens rafraîchissants.

Ça la soulageait de rencontrer, dans tous les domaines, un grand professionnalisme — écho de ce mot si important en français, le *sérieux* *, qui lui semblait manquer en Angleterre. Il imprégnait non seulement le monde de l'homme d'affaires et du viticulteur mais encore celui du peintre. En France, comme peut-être dans tous les pays latins, on considère la peinture comme une source de joie et de fierté mais aussi comme une profession très pratique qui soulève des questions excitantes sur ce que les Bussy appelaient le « cadmium » : conversations sur la gouache, la térébenthine, les pinceaux, les toiles. Tout cela était revigorant pour Vanessa dont le manque d'assurance était décuplé, en Angleterre, par le mélange d'incompréhension condescendante et de totale indifférence. Non que cela n'existe pas en France mais les artistes savent mieux s'en défendre.

Cassis — ou était-ce Vanessa, sa manière d'être, simple et généreuse ? — attirait tous nos amis qui, La Bergère étant trop petite, s'installaient soit avec Peter et Jean Teed au château voisin de Fontcreuse, soit quelque part en ville. Recevoir se bornait donc à offrir de la nourriture, des boissons et à donner l'impression que vous pouviez consacrer tout votre temps au plus exquis des arts, la conversation. Que ce fût l'art français *par excellence* *, personne ne le contestait et, même s'il avait souffert quelque peu en traversant la Manche, on le pratiquait comme un hommage délibéré au brillant esprit français. Mais le brillant n'était pas ce que Vanessa aimait le plus. Elle préférait le sens des réalités qu'elle trouvait dans la conversation de peintres comme Segonzac ou Derain ou, plus tard, Pierre Clairin, qui parlaient de choses qu'ils connaissaient *à fond* *, par leur expérience personnelle plus que par la théorie.

Étant donné le prix qu'elle accordait à cet état d'esprit, on peut s'étonner qu'elle n'ait pas noué de liens plus intimes avec ces peintres français, ou d'autres. Elle était, j'en suis sûre, très admirée, en tant que femme et en tant qu'artiste, mais la chaleur et l'hospitalité des Français ne s'est jamais étendue au-delà des cafés et des restaurants, parfois, des ateliers. La relation restait professionnelle, peut-être freinée d'un côté par la timidité et les manières un peu formelles de Vanessa, de l'autre par leur sentiment que le couple Vanessa-Duncan, étranger de surcroît, ne pourrait s'intégrer à leur vie de famille. Pour ma part, je regrette de n'avoir pu ou su fraterniser avec leurs enfants.

Vivre en France, ne fût-ce qu'une partie de l'année, permettait à Vanessa de se sentir plus proche de la peinture française par le climat et le paysage. Cassis était près de l'Estaque ; la montagne Sainte-Victoire, qui avait si souvent inspiré Cézanne, était facilement accessible et, un peu plus loin, sur la côte, où le ciel était d'un bleu un peu plus soutenu, il y avait des lieux associés à Renoir, à Bonnard et à Matisse, peintres qu'elle admirait tous.

Un autre peintre vivait dans la région, sur les collines au-dessus de Menton. C'était Simon Bussy[1], vieil ami de Matisse et mentor de Duncan. Mes parents avaient pour Bussy beaucoup d'estime et d'affection mais, pour des raisons évidentes et d'autres qui l'étaient moins, nous ne faisions pas l'effort de nous voir sur la côte française. Se déplacer était plus difficile à cette époque, les Bussy n'avaient pas de voiture et je soupçonne surtout que Vanessa et Simon s'accrochaient à leurs pots de peinture et à leur chevalet, craignant l'envahissement qui aurait résulté d'un tel effort. Par ailleurs, Vanessa estimait peut-être que les Bussy étaient trop intellectuels, trop brillants. Dorothy Bussy, certes la plus gentille des femmes, dotée d'un humour décapant mais délicieux, restait strictement une Strachey, traitant tout avec une passion discriminatoire qui, je crois, fichait la trouille à Vanessa, laquelle redoutait aussi, peut-être, en allant à Roquebrune, d'être obligée de rencontrer des hôtes distingués, familiers des Bussy, tels André Gide, Roger Martin du Gard ou Paul Valéry.

La famille Bussy était à double tranchant, ou à double face, ses membres n'étant jamais complètement chez eux quelque part puisqu'ils passaient la moitié de l'année en Angleterre et l'autre en France. Janie, de sang mêlé, était la plus à l'aise dans les deux pays, mais Dorothy, malgré sa connaissance encyclopédique de la langue française, restait une Strachey jusqu'à la moelle.

Simon Bussy resta totalement réfractaire à l'esprit anglais, gardant une sorte d'intransigeance de coq bantam[2] en dépit des vents du Nord qui l'assaillaient. Je me souviens très bien,

---

1. Le peintre Simon Bussy (1870-1954) épousa Dorothy Strachey (1865-1960), la sœur aînée de Lytton Strachey. Elle était la cousine de Duncan — qui avait pendant un bref moment été l'élève de Simon. Dorothy et Simon eurent une fille, Jane Simone Bussy (1906-1960), peintre elle aussi, qui fut pour mes parents, mes frères et moi une amie très chère. Assumant parfaitement sa double nationalité, Janie, en Angleterre, avait un air très français. En France, elle se rapprochait des Strachey — sans pourtant ressembler tout à fait à une authentique Anglaise. (N.d.A.)

2. Coq nain, réputé pour son agressivité ; et terme de boxe, bantam étant une catégorie de poids légers. (N.d.A.)

dans l'immense salon un peu lugubre des Strachey, au 51 Gordon Square, lors d'une réunion familiale annuelle, de son véhément refus de reconnaître la grandeur de Rubens. Même Duncan fut choqué mais c'était, selon moi, un jugement d'humeur imputable à l'âge et à l'amertume. Simon Bussy, qui avait passé presque toute sa vie à deux pas de chez Matisse et à qui le grand homme demandait fréquemment son opinion, n'avait jamais connu le même succès. Plutôt un *succès d'estime* *, l'approbation de tous ceux qui avaient un œil capable de reconnaître, dans son travail, l'adresse, la délicatesse et la maîtrise. Ses œuvres qu'il appréciait le plus, celles qui étaient le plus originales, plaisaient probablement le moins. Il se réfugiait donc dans une humeur taciturne, l'entêtement et les opinions bizarres. C'était un grand homme, cependant, un petit grand homme, avec une vie intérieure très secrète, qui travaillait comme un castor, en quête d'une idée naturellement irréalisable, doué d'un tempérament assez fort et sévère pour dompter un ego qui s'échappait par d'autres voies. Il était de la race des paysans français. Cette qualité essentielle était profondément appréciée par Vanessa et Duncan, qui le respectaient mais n'osaient pas le contredire : c'était un homme qui connaissait son métier.

Dans leur maison de Roquebrune, j'étais plus l'invitée de Dorothy que celle de Simon, mais Dorothy était presque une invitée dans sa propre maison. Simon s'occupait de tout. Il a même dû arriver qu'il fasse lui-même les courses ; en tout cas, c'est lui qui dressait la liste des produits à acheter et donnait des instructions sur la manière de les cuisiner. Malheur à la bonne si, comme cela reste gravé dans ma mémoire soixante ans après, elle avait un peu trop salé la vinaigrette ! Après le savon que Simon lui avait passé à table, elle commit peut-être d'autres erreurs, mais sûrement pas celle-là ! Je trouvais pourtant admirable ce *sérieux* *, appliqué aussi implacablement à des subtilités gastronomiques qu'au choix de ses pastels.

Pour Dorothy, moins intéressée par le sel, ce perfectionnisme allait de soi, elle considérait Simon avec l'affection détachée qu'il avait aussi pour elle. Ils paraissaient tellement indépendants que, quoiqu'ils fussent rarement séparés, on les imaginait aisément se donner du Monsieur et du Madame, comme au XVIIIᵉ siècle. C'était une façon de s'arranger avec les contraintes du mariage. Ils avaient appris à vivre ensemble en amis et en camarades et, malgré leurs intérêts si différents, leur sincérité était identique. Le grand amour de Dorothy, c'était la littérature, alors que Simon était peintre jusqu'au bout des ongles. Il va sans dire qu'ils étaient tous deux cultivés, tous deux capables de voir, au-delà des limites de leur propre jardin, celui de l'autre d'un œil aimant et, comme le meilleur champagne, un peu sec. Les lettres de Dorothy à Gide montrent combien elle comprenait le tempérament et la peinture de Simon ; quant à Simon, s'il ne pouvait sans doute pas réciter Shakespeare par cœur et restait probablement indifférent à la poésie du XVIIIᵉ siècle anglais, il connaissait et respectait les sentiments — proches de l'adoration — de Dorothy pour ces deux sujets.

Dorothy se tenait souvent recroquevillée sur un siège de son salon jaune soufre, terriblement silencieuse et concentrée, alors que les fenêtres ouvertes sur les terrasses d'oliviers, d'orangers et de citronniers découvraient les corolles bleues des iris et, au loin, la mer. Elle vivait dans le décor créé par son mari qui était aussi grand jardinier que cuisinier.

La filière française

2

En 1936, je fus envoyée à Paris, comme tant d'autres jeunes filles anglaises, pour apprendre le français ; mes hôtes étaient de vieux amis des Bussy. Jean Vanden Eckhoudt, d'origine flamande, qui avait été étudiant avec Simon Bussy, était lui aussi devenu un peintre amoureux du Midi et de ses splendeurs. Peintre remarquable, c'était également un solitaire — un peu trop saint pour le cours ordinaire des choses. Il avait épousé une femme qui avait abandonné sa carrière de chanteuse pour devenir la « femme de peintre » par excellence, pratique, gentille, pleine de bon sens mais dotée d'un esprit mordant, sans doute parce qu'elle ne se laissait pas facilement impressionner par la prétention et le savoir superficiel des gens. Réfugiée de la Première Guerre mondiale, accueillie chez Sir William Lancaster et son épouse, elle s'était étonnée de voir la quantité de nourriture laissée dans les assiettes et avait été horrifiée d'apprendre que tout cela était ensuite jeté. Ayant frôlé la famine en Belgique, cela l'avait terriblement frappée et elle y vit la marque de la barbarie anglaise. Personne ne pourrait dire qu'elle avait entièrement tort !

Les Vanden, comme on les appelait, partirent vivre ensuite à La Couala, une toute petite maison en haut de la colline des Bussy, à La Souco. Leur fille, Zoum, passa sa jeunesse et son adolescence chez les Bussy, puisqu'ils étaient à deux pas. Les adultes auraient bien aimé qu'elle devienne l'amie de Janie. Mais Janie était une enfant solitaire et fragile, qui préférait jouer avec sa collection de peluches cousues main ; Zoum, d'une précoce maturité et un peu plus âgée, s'était surtout attachée à Dorothy Bussy, devenant rapidement non seulement son élève mais son amie. Cela explique pourquoi elle parlait un anglais fortement teinté d'accent Strachey et avait lu tous les romanciers ainsi que beaucoup de poètes anglais.

À La Couala, Zoum grandit dans la plus grande simplicité, mais elle plongeait souvent dans la vie plus intellectuellement sophistiquée du ménage Strachey-Bussy et rencontrait leurs amis, dont Gide qui, d'abord impressionné, se prit d'affection pour elle. Physiquement solide, splendide, sa beauté avait une note masculine qu'elle savait exploiter en portant un sombrero noir et en se coiffant avec deux *favoris* * bruns, un devant chaque oreille. Il ne lui manquait que le cigare pour être la Carmen de l'époque. Très musicienne, douée d'un sens théâtral qui ferait d'elle, plus tard, une merveilleuse conteuse, elle commença par vouloir devenir pianiste. Mais un récital, donné je crois à Nice, lui suffit. Manquant mystérieusement de la confiance qui, dans d'autres situations, semblait innée chez elle, elle se tourna vers la peinture. Quand, pour seconder sa mère, elle ne s'occupait pas d'un frère de quatorze ans son cadet qu'elle avait aidé à mettre au monde, elle se tenait devant son chevalet sous un pin ou dans quelque nappe d'ombre, à peindre les murs éclatants de Roquebrune.

Puis un jeune homme surgit, comme de nulle part — en fait, de Paris ; il se remettait d'une dépression ou d'un amour malheureux. C'était un ami d'ami des Bussy, extrêmement intelligent, beau, barbu et juif ; il s'appelait François Walter. Bouleversé par l'atmosphère de liberté et d'humanisme intellectuel qu'il découvrit dans le salon jaune de La Souco, il fut d'abord attiré par le charme mystérieux et fragile de Janie. Mais c'est de Zoum qu'il tomba éperdument amoureux, à jamais. Elle répondit à son émotion avec quelque réserve, séduite mais peu désireuse de quitter ses parents ou la sérénité et l'équilibre passionnés de sa vie dans le Midi.

Ils se marièrent pourtant, s'installèrent dans un appartement d'Auteuil — pas du tout un quartier d'artistes — à Paris, et devinrent un couple attirant et intéressant, faisant tout pour vivre de la manière la plus civilisée possible et espérant bientôt des enfants. Car tout en Zoum était maternel. Si elle ressemblait à Carmen, elle descendait aussi de ces grandes dames en robe de velours et chapeau à plumes peintes par La Tour. Elle évoquait encore une paysanne d'un tableau de Millet, la chevelure à demi défaite, berçant un bébé.

Pendant une huitaine d'années, elle n'eut pas d'enfant et continua à peindre, de grandes compositions figuratives aux vagues tonalités religieuses dans les bruns et les ocres, prenant ses parents pour modèles. De temps en temps, afin de se laver de la poussière parisienne, elle disparaissait un moment à Roquebrune ou à Gargilesse, où ses paysages devinrent plus verts. François, qui gagnait leur vie à la Cour des comptes, de plus en plus conscient de la menace d'Hitler et de la guerre, s'engagea dans un pacifisme ardent et fonda une petite revue intitulée *Vigilance*. Il écrivait aussi de la poésie et de la critique d'art. Je me souviens surtout — en partie parce que ce fut une surprise pour moi de découvrir ses pages sur la peinture — d'un excellent article sur Seurat.

Ce fut bien sûr Janie qui les recommanda comme des hôtes parfaits pour recevoir une jeune fille aussi inculte que moi. Ils avaient déjà hébergé un membre du clan Strachey et, tout s'étant fort bien passé, ils m'acceptèrent aussi, pour découvrir, avec quelque consternation, que j'étais infiniment moins indépendante, bien plus encline à m'accrocher aux jupes de Zoum dans son atelier, à jouer du piano et du violon sous leur nez et à participer à presque tous les repas. Mais Zoum, généreuse et compréhensive, me prit sous son aile, elle m'éduqua et sympathisa avec moi, devenant ainsi pour moi une seconde mère. Ce n'est que lorsqu'elle fut enceinte, se sentant soucieuse et fatiguée, qu'elle prit la décision de m'envoyer d'abord chez les Bussy puis chez ses parents.

J'ai un peu raconté ailleurs ma vie avec Zoum et François à Paris et il ne s'agit pas, ici, d'en dire plus. Ils étaient extraordinaires et tous les deux m'ont apporté beaucoup, mais il y avait bien d'autres choses : Paris, par exemple, ville avec laquelle je me familiarisais progressivement. Je regrette maintenant de ne pas avoir été plus systématique dans mes explorations, de ne pas avoir cherché plus délibérément à la connaître, même si, après la guerre, j'ai rattrapé ce manque d'initiative. Je me rappelle bien un après-midi au *quartier* * Saint-Germain avec Zoum et Clive, lors d'un de ses séjours périodiques à Paris. Une certaine curiosité pour Zoum et le désir de me former le poussèrent à nous inviter chez La Pérouse — un restaurant beaucoup plus modeste et beaucoup moins cher qu'aujourd'hui — avec Dunoyer de Segonzac. Peintre et graveur, il faisait beaucoup de portraits de Colette, sa voisine à Saint-Tropez, et des dessins d'Isadora Duncan dansant. Je dus manger mes premières huîtres chez La Pérouse mais ce sont les yeux de Segonzac, qui leur ressemblaient, dont je me souviens surtout. C'était un *bon viveur* *, alliant avec aisance son goût du monde et ses dons d'artiste. Vêtu d'un élégant costume gris clair en l'honneur de ce déjeuner avec Zoum et mon beau-père Clive, il parla avec autorité de la vie en général. Il avait cette qualité, qu'enviait tant Vanessa, de pouvoir se prendre au sérieux, ainsi que son art, sans affectation ni prétention. Il nous quitta après le déjeuner ; Clive, Zoom et moi nous nous promenâmes dans les rues étroites, le menton en l'air, Clive dirigeant nos regards vers mille détails d'architecture et autres beautés. Je fus ravie de voir que Clive aimait bien Zoum, qui elle aussi garda un souvenir plaisant de cet après-midi.

Cet hiver-là, je fus invitée par Clive à dîner avec André Derain et sa femme Alice. Ils avaient une nièce de mon âge et pensaient que nous pourrions nous entendre. De leur maison, qui se trouvait, je crois, à Neuilly, je ne me rappelle que la salle à manger, sans doute parce que, comme chez la plupart des Français, le repas durait très longtemps — nous mangeâmes des anguilles au vin blanc — et qu'on s'y attardait à la fin, au lieu de passer dans une autre pièce, comme en Angleterre. Il y avait au mur un impressionnant cor de chasse que Derain décrocha et dans lequel il souffla une note d'une puissance égale à son imposante présence pour me faire plaisir ! Flatteur. Je mourais d'envie de sortir de ma réserve mais sa nièce, quoique charmante, était timide et craintive — sans doute bien mieux élevée ; elle ne voulait pas jouer de duos au piano. Alice Derain, qui avait fait la cuisine, était calme et maternelle ; elle avait tout de la traditionnelle femme de peintre. L'atmosphère était domestique mais animée et, à ce moment-là, j'aurais dit qu'il n'y avait pas tellement de différence entre le *foyer** des Derain et celui de Charleston.

Pour apprécier l'intensité avec laquelle Clive chercha à assimiler, voire à imiter les manières et les habitudes françaises, on ne doit pas oublier à quel point il était anglais — viscéralement anglais, pourrait-on dire — ni, inversement, l'impact que Paris, les coutumes et les arts français durent avoir sur un jeune homme rompu à la chasse au renard et à la grouse, imprégné des plaisirs délicats et retenus d'un écrivain comme Jane Austen — auteur que toute la famille Bell connaissait par cœur. Pas étonnant que l'œuvre de Toulouse-Lautrec et de Degas, les *cafés chantants** et les *bars zinc**, le cynisme, la vitalité et l'élégance de Paris lui aient, sinon tourné la tête, du moins donné un désir accru d'échapper à la bonne vieille Angleterre et en particulier à son père.

Clive (et tant d'autres) considérait les Français comme le peuple le plus civilisé du monde, avec des exigences artistiques très différentes de celles des Britanniques. Il est évident qu'il connaissait très bien la peinture, son sujet de prédilection, mais j'ai toujours eu le sentiment qu'il était plus à l'aise avec l'écrit, plus intimement inspiré par la vision de la vie, par exemple, d'un Proust, et par le désir de la perpétuer et de la faire revivre, simplement parce qu'il n'aurait pas supporté de la voir disparaître en le laissant comme orphelin.

Clive était un observateur-né, capable de vivre par procuration. Mais c'était aussi un éducateur qui formait sa vision par la communication mutuelle et l'échange. Cette vision, il voulait la partager et, heureusement, avait assez d'argent pour le faire. Ce grand lecteur, doté d'une mémoire exceptionnelle et d'un sens aigu de l'histoire, essaya de me faire comprendre qu'il ne suffit pas de vivre sa propre vie : on vit aussi l'histoire et l'on ne peut se couper du passé.

C'est lui qui m'a ouvert les mille portes de la littérature française. En m'estimant capable de lire en français, Clive me poussa à faire cet effort. Je me plongeai dans Mérimée (un de ses grands favoris), *Candide*, Maupassant et *Les Liaisons dangereuses* qu'il me proposa, j'en suis convaincue, pour éveiller ma sexualité. Je fus en effet excitée mais sans que cela ait grand-chose à voir avec le sexe : c'est cette langue magnifique que je lisais sans vraiment la comprendre qui me transporta. Le livre était peut-être scandaleux mais j'étais trop habituée à l'immoralisme théorique pour qu'il ait, sur moi, un effet libérateur.

Clive me confia qu'il n'avait pas du tout appris le français comme moi, mais en cherchant dans le dictionnaire tous les mots qu'il ne comprenait pas ; il lui avait fallu peu de temps pour bien connaître la langue. Il avait, bien sûr, continué à l'étudier et je pouvais me fier à lui pour la traduction des passages difficiles. Il aurait tout donné pour la parler comme un Français et n'en fut empêché que par son fichu fond anglais qui, en un sens, lui mettait des bâtons dans les roues. Les tournures idiomatiques qu'il possédait parfaitement ne roulaient pas sur sa langue avec le son qu'il aurait voulu. Il continuait à les répéter, cependant, comme une preuve d'amour et d'admiration pour le peuple le plus remarquable du monde.

Il est trop facile de se moquer du snobisme évident, bien qu'inavoué, de Clive. Ce n'était pas aussi simple. Certes, comme tous les mondains, il était conscient de sa classe, de sa carrière, mais il respectait les grands de ce monde, les personnes distinguées pour des qualités auxquelles sa modestie l'empêchait de prétendre ; il éprouvait le besoin ou le désir de les fêter, de célébrer ce qui en faisait des êtres à part. Ce faisant, il jouait lui-même un rôle, celui de l'*entremetteur** *, voire de l'impresario. Incapable de montrer ses émotions, sans doute aussi profondes que celles de n'importe qui, il y avait toujours un schisme entre son cœur et son intelligence, laquelle masquait sa sensibilité d'un écran de fumée. Ce qui restait visible cependant, c'était une curiosité inextinguible pour la vie, ou pour les vies qui, sous ses yeux, se transformaient en histoire, si puissamment fascinante pour lui. C'est ce sentiment qu'il essayait de transmettre, qui animait ses dîners et ses déjeuners, ses voyages de l'autre côté de la Manche, les récits de ses délicieuses soirées intimes passées avec Marie-Louise Bosquet ou Bousquet, qui connaissait tout l'écheveau des potins et des cancans parisiens. Si, à Charleston, Vanessa s'ennuyait franchement tandis que les autres riaient sous cape, Duncan, lui, était ou faisait semblant d'être intrigué et répondait à Clive avec un peu plus d'urbanité que le reste d'entre nous.

Il m'est bien sûr impossible de ne pas mentionner ici Roger Fry qui travailla véritablement, au-delà des rapports sociaux, à une meilleure connaissance entre les artistes français et anglais. J'étais trop jeune quand il mourut pour avoir connu la France en sa compagnie. Je peux seulement dire que, pour lui, la vie et la culture française avaient une importance incalculable, qu'elles lui donnèrent des habitudes si profondément, si humainement raffinées que Clive en était réduit à rouler des yeux et à approuver d'un petit rire, bien que la conception que Roger avait de la civilisation fût, à maints égards, très éloignée de la sienne.

C'est Roger qui nous fit connaître les remarquables Mauron qui comptèrent tant pour mon frère Julian. Ils étaient, je crois, plus profondément français que toute autre personne de notre entourage, nés et élevés à Saint-Rémy-de-Provence, parlant le provençal beaucoup plus naturellement que l'anglais. Le père de Charles avait été maire de Saint-Rémy, fonction que son fils occuperait à son tour. Charles était attaché à la tradition latine et méditerranéenne, ancrage symbolisé par le fait qu'il vivait près de l'ancienne ville grecque de Glanum, située à côté de l'ensemble de monuments romains dits Les Antiques. Épais et solide Méridional, Charles était issu d'une civilisation où les paysans, tout en cultivant leur carré de vignes, sont aussi des intellectuels. Chez lui l'intellectuel prédominait, d'autant qu'avec sa très mauvaise vue, il aurait à peine pu couper une grappe de raisins. Il devint professeur à l'université d'Aix où on lui créa une chaire pour qu'il expose sa nouvelle théorie critique, basée sur l'interprétation psychologique des textes, très fascinante et plutôt absconse. Sa femme Marie, une enseignante vive et chaleureuse, écrivit une belle comédie sur sa région natale. Ils tenaient maison ouverte, surtout pour Julian et quelques-uns de ses amis de Cambridge, avec lesquels ils avaient des discussions marquées par la rigueur et la générosité — un type d'échange qui existait aussi à Cambridge ou à Bloomsbury mais qui prenait, en France, un tour plus critique et réaliste. Les Mauron étaient certes plus âgés que Julian, mais ils étaient encore jeunes et se sentaient concernés par la politique et l'état du monde. Les choses bien sûr ne faisaient qu'empirer et Julian devait finir par trouver la mort dans la guerre d'Espagne. Vanessa, qui avait jugé les Mauron un peu trop littéraires, découvrit un autre aspect de leur personnalité quand, après cet événement, en 1938, en quête d'aide et de sympathie, nous prîmes la route de Cassis pour aller les voir dans leur mas, non loin de Saint-Rémy.

Pour moi, Charles était une figure de père, douce, souriante et très séduisante bien qu'un peu inabordable, sans doute à cause des problèmes de langue. Marie s'occupait de tout, active, hospitalière, bienveillante, pleine de rires clairs. Après le déjeuner où l'on nous servit, j'en suis certaine, une *daube* *, nous nous éclipsâmes pour laisser une triste Vanessa parler de son fils à un Charles sensible et attentif. Cette mémorable visite, j'aurais aimé en garder plus de souvenirs, mais elle m'a laissé de profondes impressions. Plus tard, les Mauron vinrent en Angleterre et à Charleston et, bien longtemps après leur séparation et la mort de Charles, je retournai au mas et vis une Marie âgée, dansant de joie pour fêter le nouveau président François Mitterrand.

La filière française

3

Vanessa s'accrochait encore à Cassis. En 1938, nous y descendîmes tous en voiture, elle, Duncan, Quentin et moi, en passant par l'ouest de la France ; à Thury-Harcourt, nous avons mangé une omelette aux oignons, aux tomates, aux herbes et à l'ail, recouverte de crème, saupoudrée de fromage et rapidement brunie sous le grill. Je n'ai pas trouvé la recette dans le *Larousse gastronomique* (le même exemplaire que nous avions dans le temps à Charleston) et j'ai oublié son nom, mais je la refais de temps en temps. Une bonne part de notre culture française a trouvé sa source dans une expérience gastronomique : le plus petit, le moins cher des restaurants découvert dans un bourg pas plus grand que le Cliffe à Lewes [1] nous servait un repas copieux et *sérieux* * ; Quentin et moi organisions notre journée en fonction des *spécialités* * que nous voulions goûter. Ainsi, après avoir traversé Angoulême et Périgueux où nous avons mangé du cou d'oie farci ou, peut-être, du *foie gras* * (si Duncan ne l'avait pas banni, à cette époque de sa vie, parce que trop cruel pour les oies), nous nous sommes arrêtés à Castelnaudary pour manger le fameux cassoulet que, me semble-t-il, personne n'aima.

Vanessa, toujours frugale, devait trouver tout cela puéril et sans intérêt mais elle le supportait, soulagée, j'imagine, de voir

---

1. « Le » Cliffe est un quartier de Lewes, chef-lieu de l'Est-Sussex. Près de la rivière et littéralement *dow town*, en bas de la ville, c'est — ou c'était — un endroit moins huppé que les quartiers sur la colline. *(N.d.A.)*

ses enfants s'amuser. Duncan contemplait le paysage avec un vague sourire alors que Quentin se révéla un catalyseur qui, tout en satisfaisant ma curiosité juvénile, achetait et lisait les journaux, nous relatant les avancées de la crise de Munich qui, menaçante, grondait en Europe. La liste des appelés était affichée sur les portes des mairies et des groupes d'hommes sombres se rassemblaient dans les cafés. Je découvris en moi une sorte de fatalisme, très éloigné de mon propre désir de vivre pleinement ma vie, quand Quentin arriva à La Bergère en agitant un numéro du *Times* avec une photo d'une vieille connaissance de Vanessa, Neville Chamberlain et son parapluie, accueilli en une sorte de douloureux triomphe, à son retour de Munich : comme d'habitude, j'enfouis ma tête dans le sable...

Cette année-là, Cassis nous reçut à nouveau — nous n'y étions pas venus depuis deux ou trois ans. Vanessa eut le cœur serré par le sentiment du temps qui passe en retournant dans ces lieux où elle avait été si heureuse. Comme avant, Élise vint faire la cuisine et retrouva son intimité avec Vanessa pendant que Duncan peignait ; moi, je tombai amoureuse d'un très séduisant jeune Britannique, officier à bord d'un navire de guerre ancré à Marseille. Quand vint le moment de dire au revoir à Jean et à Peter Teed, même moi je réalisai que le temps s'enfuyait. Un an plus tard, à peine, nous étions complètement coupés d'eux. Bientôt le silence l'emporta. Tous nos amis, les Bussy, les Walter, les Teed, divers peintres, les Mauron et bien d'autres ne purent plus communiquer, bien que Janie réussît de temps en temps à nous faire parvenir une lettre. Notre imagination avait beaucoup de mal à entrevoir la réalité de ce qu'ils vivaient et, inévitablement, nous avions tendance à en exagérer ou minimiser les dangers. Et puis nous traversions, nous aussi, nos épreuves, le suicide de Virginia, entre autres — à la fois tragédie personnelle et symbole de la fragilité des valeurs qui nous avaient jusqu'alors soutenus.

Mais la France et sa culture devinrent encore plus nécessaires. Bien que submergée, ou à cause de cela, elle continuait à exercer une fascination puissante, inaccessible ; l'effort que je fis pour apprendre la langue fut alors beaucoup plus intense que lorsque je vivais chez les Walter. Pendant mon séjour chez

James et Alice Strachey, à Gordon Square, je me parlais en français en accomplissant des tâches domestiques, me familiarisant avec les expressions ordinaires, quotidiennes, qui conviennent à la plupart des situations. Après une grande pratique solitaire, elles se révélèrent très utiles et me permirent même, un jour, d'aider des officiers français sur Euston Road qui ne savaient pas quel bus prendre. Cela me valut des remerciements et un salut d'une extrême courtoisie.

Mon mari, David Garnett, ou Bunny, travaillait à Bush House[1], envoyant des messages et de la propagande à ceux qui étaient immobilisés en France et il nous arrivait de recevoir des parachutistes lâchés pour aider la Résistance. Ils ne pouvaient parler librement mais je pus me faire quelque idée des conditions de vie, là-bas. Vers la fin de la guerre François Walter, qui, à cause de son sang juif et de ses opinions politiques, avait pris la fuite, arriva à Londres. Il se trouva un emploi au ministère des Finances et vécut avec nous jusqu'à l'arrivée de Zoum, dans un état d'épuisement suicidaire, et de sa petite fille Sylvie. Puis les Bussy apparurent, un peu comme s'ils poursuivaient leurs pérégrinations d'avant-guerre, mais sous-alimentés et sans vêtements, sur nos rivages austères et puritains où les mesures de rationnement draconiennes n'étaient pas compensées par le marché noir. Janie aussi avait risqué sa vie en travaillant pour la Résistance mais elle n'en raconta rien. Les Teed, chassés par les Allemands vers les montagnes, plus au nord, avaient, me semble-t-il, moins souffert. Peter était mort, Jean avait survécu et était venu nous voir à Hilton où je vécus après mon mariage avec Bunny.

Si j'ai pu voir la France en victime, je ne l'ai jamais crue vaincue. La situation avait inévitablement, désastreusement changé, mais le conservatisme inné des Français — que François déplorait — avait extraordinairement réussi à préserver les traditions provinciales : villes et villages semblaient avoir un

---

1. Ce bâtiment fut utilisé, durant la dernière guerre, par la BBC, pour élaborer et émettre la propagande destinée à la France libre et aux autres pays sous domination allemande. (N.d.A.)

mode de vie beaucoup plus flaubertien ou balzacien qu'anglais ou américain.

Je me souviens de mon émotion quand je débarquai à Dieppe pour la première fois après la guerre avec Vanessa et Duncan ; nous fûmes frappés par la vitalité et le ressort français, aussi vifs que les cris des éternelles mouettes qui croisaient au-dessus de nos têtes, querelleuses et agressives, en quête de nourriture. Pour supporter l'épreuve de la traversée, Vanessa prenait une drogue appelée Somnifene, de sorte qu'elle arrivait de l'autre côté de la Manche dans un état brumeux et assoupi, censé se dissiper très vite. Mais je me suis parfois demandé si cela n'a pas coloré toute sa vision de la France, lui donnant un sentiment de *dépaysement* *, de plaisante irresponsabilité, quand elle entrait dans ce pays délicieusement familier mais qui n'était pas le sien. Dans leurs pantalons d'un bleu délavé, même les porteurs semblaient penser que peindre était une profession sérieuse, et non une sorte de passe-temps de dame qui n'a rien de mieux à faire. Mais la suite du voyage en train vers Paris, pendant lequel nous avions souvent le temps de déguster un excellent déjeuner au wagon-restaurant, la remettait *d'aplomb**, prête à profiter d'une charmante soirée initiatique passée à ne rien faire, sinon à humer l'air de la capitale et à sentir son incroyable différence avec Londres.

Le petit Hôtel de Londres, sans prétention, de la rue Bonaparte, avec son tapis d'escalier en peluche rouge et ses chambres à coucher confinées, tout droit sorties de Vuillard, était devenu, avec les années, un refuge familier d'où l'on partait tranquillement — la balade elle-même mettait en appétit — pour le Louvre, de l'autre côté du pont des Arts, avec ses Ingres, ses Chardin et ses Véronèse. Vanessa et Duncan allaient à toutes les expositions importantes, véritables havres de paix, à l'époque, où l'on pouvait contempler des œuvres nouvelles ou familières qui révélaient toujours, pourtant, d'autres richesses. À l'extérieur de ces spacieux temples de la culture bruissait la ville, vivante, irrésistible, et nous prenions toujours le temps de savourer tranquillement un repas dans un de nos restaurants favoris.

Et puis il y avait les cafés, Les Deux Magots en particulier, où nous dégustions une tasse de café en attendant des amis et en pensant à ce que nous allions faire ensuite. Nous y passions des heures à regarder, à observer et à dessiner discrètement sous la table pour n'offenser personne et ne pas attirer de curiosités importunes. Les petits carnets de croquis se remplissaient de portraits esquissés au crayon noir gras, de têtes, de corps exprimant l'émerveillement de Vanessa devant les humains, si semblables et si divers, et sa vision pleine d'humour.

Vanessa absorbait les images comme d'autres, les sons, sans réfléchir tout de suite aux raisons de son intérêt. Elle vivait par ses yeux, littéralement, et par sa mémoire visuelle. Un défilement ininterrompu de peintures semblait tapisser le fond de sa mémoire, faisant naître des analogies avec ce qu'elle voyait autour d'elle. Au beau milieu d'une conversation à bâtons rompus au café, elle signalait à Duncan le foulard d'une femme lui évoquant une particulière nuance de bleu présente dans un tableau d'Ingres ou de David, et ils se lançaient dans une discussion sur le bleu et les émotions suscitées par cette couleur qui se concluait inévitablement par un : « il est tellement français », un bleu impossible à obtenir en Angleterre depuis l'époque de Gainsborough !

Mais ce n'était pas à travers l'histoire ou la littérature que Vanessa voyait les Français. Contrairement à Clive, elle ne souhaitait pas s'identifier à eux ni montrer à quel point elle les connaissait bien. Elle parlait le français avec un accent bien à elle — pas tout à fait celui des Britanniques, car elle avait été élevée par une série de gouvernantes françaises — mais était trop timide pour chercher à briller de cette manière, et totalement dépourvue d'ambitions sociales. Ses exigences étaient impossibles. Elle rêvait de communiquer avec des peintres français choisis qu'elle imaginait dotés d'une intelligence et d'une sensibilité ineffables, mais préférait rester seule pour regarder autour d'elle et se souvenir plus tard de ce qui l'avait amusée. Sa distinction, sa beauté, son sérieux impressionnaient les Français ; quand elle condescendait à dire quelque chose, il était clair qu'elle savait de quoi elle parlait. Mais sa réserve innée ajoutait une barrière supplémentaire à celle de la culture et de la langue ; le seul couple avec lequel nous finîmes par nous lier intimement était Line et Pierre Clairin.

J'ignore comment ils sont entrés dans la vie de Vanessa et de Duncan et ne me souviens pas clairement quand je me sentis moi-même incluse dans cette amitié, mais je ne crois pas que ce fut avant 1945. Pierre représentait une autre figure de père autour de laquelle je gravitais à cause de son enthousiasme et de sa vitalité. Il avait un art consommé de la conversation, désarmant de passion et de puérilité, de sagesse et de naïveté. Parfaitement à l'aise avec les manières du monde, il n'en était jamais prisonnier, beaucoup plus heureux dans son atelier, dans son jardin, ou quand il allait acheter des fromages — les meilleurs, toujours — en ville. Français de culture, plein de discernement et de savoir-faire, quelle ne fut pas notre surprise d'apprendre qu'il avait une mère américaine et, quelque part entre deux veines, du sang juif. C'était un peintre qui aimait s'attaquer aux grandes toiles, mais il était meilleur dans les petites et délicates lithographies en couleurs, dont plusieurs ornent les murs de Charleston. Les bois, généralement gravés par sa femme Line, n'étaient pour lui que des surgeons qu'il offrait à ses amis à Noël.

Par nature et par profession, c'était un professeur et, je crois, un des meilleurs et des plus courus car il avait un talent extraordinaire pour communiquer le plaisir que lui donnaient les diverses techniques de gravure qu'il connaissait parfaitement. Aux yeux de Vanessa et de Duncan, il avait en outre une certaine aura parce qu'il avait été l'élève de Sérusier, lui-même ami de Gauguin. Comme nous le voyions souvent chez lui — en France, il était chez lui partout —, Vanessa et Duncan le traitaient en aîné alors qu'il devait avoir quelques années de moins. Comme beaucoup de figures paternelles, il avait ses moments de joie, alors son visage se déridait en un sourire d'une gaieté contagieuse et Line le regardait avec une expression de compréhension très légèrement ironique.

Line était dévouée à son mari par toutes les fibres de son être, sans pour autant perdre un iota de sa personnalité très forte mais réservée. Pierre était l'actif, celui qui choisissait et décidait, mais tout en portant ses désirs à bout de bras, elle n'abandonnait jamais son propre jugement ni sa liberté de pensée, ct quand on en arrivait, inévitablement, aux commérages sur les peintres, elle pouvait faire preuve d'une certaine sécheresse dans sa manière de se réjouir des faiblesses des autres. Mais c'était Pierre qui faisait la conversation, sans oublier la présence de Line. On aurait eu du mal à imaginer l'un sans l'autre et, de fait, quand, un an après la mort de Duncan, Line mourut, Pierre la suivit dans l'année.

Pierre savait tout ce qu'il se passait à Paris, connaissait tous les peintres de sa génération et les plus âgés, comme Derain, Marchand et Segonzac — il se peut, d'ailleurs, que ce soit par ce dernier, qui voyait en Vanessa l'alliance parfaite de la déesse et de l'artiste, que mes parents aient fait la connaissance de Pierre. En tout cas, chaque fois qu'ils étaient à Paris, il les invitait à la brasserie Lipp ou dans un autre bon restaurant en vogue.

C'était un hôte parfait, accordant beaucoup d'attention aux préliminaires du repas. Si la nourriture et le vin étaient importants, la conversation comptait infiniment plus. Toujours impatient de se mettre à parler, peut-être trouvait-il, sans le montrer, Vanessa et Duncan un peu trop passifs. Ils attendaient qu'il ouvre le bal sur le monde de l'art parisien dont ils ne pouvaient que pressentir les dessous mais qu'ils avaient envie de mieux connaître. Les potins de Pierre n'étaient pas totalement dénués d'une juste malice, soutenue par Line. Mais, face à l'extrême naïveté et au détachement anglais de Vanessa et de Duncan, Pierre passait rapidement à l'art en tant que tel, à Cézanne, aux expositions, aux diverses encres ou au miraculeux véhicule Maroger[1].

Ces sujets, il les traitait avec une autorité incontestable, un savoir du détail, une conviction de leur importance qui manquait complètement à mes parents. Ils étaient intéressés, certes, mais seulement du bout de l'oreille et ils affichaient cet horripilant sourire supérieur de ceux qui ont décidé, dans leur for intérieur, de ne pas prendre parti. Pour eux, tel type de toile,

---

1. Cette pâte, dans laquelle les pigments sont délayés selon un ancien procédé, avait été inventée par un M. Maroger, qui se trouvait être une connaissance de Roger Fry, lui aussi très enthousiaste pour ce produit. *(N.d.A.)*

de papier, de pinceau, telle marque de couleurs n'avaient pas cette importance : ils pouvaient s'en passer, éventuellement, ou lui trouver un substitut.

Mais pour Pierre, c'était inimaginable. Il savait non seulement ce qu'il voulait mais ce qu'il fallait : rien d'autre n'aurait fait l'affaire et on devait courir le chercher dans tout Paris. À l'époque, il finissait toujours par trouver, il savait exactement où aller, tout comme il savait où acheter le meilleur café et les fromages les plus succulents. Certaines choses, cependant, ne se trouvaient qu'à Londres ; il me chargea, une fois, de faire toutes les boutiques susceptibles d'avoir des plumes en acier d'une forme spéciale qui n'existaient plus en France. Il détestait les stylos à bille ou les feutres : ces objets venaient d'apparaître sur le marché et excitaient beaucoup Vanessa et Duncan qui les achetaient par douzaines et en distribuaient à toute la famille, fascinés par leur manque total de sensibilité — ce qui, justement, dégoûtait Pierre. Son exigence du « meilleur », son infatigable énergie, sa satisfaction à rapporter le « bon » truc, son goût de l'*artisanat* * français, en voie de disparition, amusaient et charmaient Vanessa et Duncan, mais l'extrême professionnalisme de cette attitude les portait à s'en exclure, comme si tout cela était un peu irréel.

Étaient-ils insensibles ou simplement paresseux ? Des amateurs ? Ou fallait-il voir en Pierre un épicurien plus qu'un artiste ? Ces questions restaient en suspens, sans réponse. Même si Pierre avait quelque chose d'un épicurien, il était beaucoup plus que cela. Une brève biographie éclaire sa vie extraordinaire. Durant la Première Guerre mondiale, il avait été un héros du ciel et il racontait les incroyables histoires de ses exploits et de ses fuites : un avion, apparemment fait de bois de balsa et de toile, d'abord déchiqueté par les balles allemandes puis par un atterrissage malvenu sur un arbre, ou sur une étendue d'eau confondue avec une route, son mitrailleur tué mais lui-même toujours miraculeusement épargné. Il nous dit qu'il n'avait jamais ressenti la peur… ! Puis vinrent le mariage, les enfants — il y avait eu, à leur sujet, une tragédie à laquelle on faisait rarement allusion — et Line, sa seconde femme, sa carrière de *peintre-graveur* * professeur aux Beaux-Arts, son action dans la Résistance pendant la Seconde Guerre, puis sa nomination d'académicien. J'étais présente lors de sa réception : Pierre lut un éloge formidablement bien écrit de Darius Milhaud dont il prenait la place, face à ses collègues vêtus, comme lui, de costumes brodés de feuilles de chêne en soie vert et or. C'était, en plus, un jardinier averti, un passionné de musique romantique tardive, des premières œuvres de Schönberg, par exemple, qu'il me fit connaître. Après la mort de Duncan, je demeurai une semaine avec Pierre à Saint-Loup, où la vie devenait une sorte de divine préfiguration du paradis, et, pendant un temps bref mais intense, je connus une véritable intimité avec cet homme exquis.

Le temps manque pour en dire plus, j'en ai d'ailleurs probablement déjà trop dit, sans pour autant toucher le cœur du sujet. J'ai omis beaucoup de choses importantes : Nan et Ethel Sands à Auppegard, les réactions et les plaisirs de Duncan, Michel Saint-Denis à Londres et ma vie actuelle dans le sud de la France. Mais peut-être en ai-je quand même dit assez pour que l'on comprenne combien la France et les Français nous furent à tous indispensables.

VIII

Duncan Grant (1885-1978)

Quand j'eus dix-sept ans, ma mère Vanessa Bell, avec les accents étouffés de l'anxiété et de l'amour, me dit que mon père n'était pas l'homme que j'avais toujours considéré comme tel, mais Duncan Grant. Les ondes de choc les plus profondes, comme celles d'une bombe explosant à cinq cents mètres sous l'eau, mirent bien des années avant d'atteindre la surface ; à l'époque, j'eus la sensation qu'une partie invisible mais essentielle d'un mécanisme s'enclenchait ; un fossé jusqu'alors obscurément pressenti était magiquement comblé. Toutefois, il serait faux de prétendre qu'il était comblé par une figure paternelle puisque, même si je sais maintenant qui était mon père, Duncan ne s'est jamais, même un instant, comporté comme tel. C'était plutôt un oncle de contes de fées ou un de ces parents de romans russes qui va et vient mystérieusement, sans qu'on se pose de questions sur sa vie inexpliquée.

Enfant, on regarde les adultes avec inquiétude, en espérant ne pas voir les ombres qui passent sur leur visage, à leur insu, montrant qu'ils sont pris par un sens des responsabilités qui paraît bien lointain et superflu. Je ne vis jamais cette expression chez Duncan, jamais il n'avait cet air harassé de ceux qui portent leur vie comme une invisible cape de plomb sur les épaules, ce qui participait à son charme, pour les jeunes surtout. Il avait la sagesse instinctive de l'animal, n'intervenant jamais dans les affaires d'autrui, ne promettant jamais plus que ce qu'il pouvait tenir. Il dansait à la surface, gentiment incontrôlable, aussi impénétrable qu'un canard est imperméable à l'eau, aussi insaisissable qu'une feuille sur un lac. Si l'on veut y voir de l'égotisme, alors Duncan était un parfait égotiste, doté d'une rare clarté de vision, ne faisant jamais ni plus ni moins que ce qu'il voulait.

Pourtant, dans les échanges de la vie quotidienne, personne n'était aussi peu égoïste ; s'il pouvait peindre pendant les heures du jour et longtemps après — je me souviens du mal qu'on avait à le convaincre de quitter son chevalet alors que la toile devenait presque invisible — il restait cependant totalement ouvert aux demandes des enfants, des amis, de la famille, et prêt à accepter toute expérience nouvelle avec une promptitude désarmante, comme si sa quotidienne communion avec les pommes et les poires des natures mortes l'avait suffisamment satisfait pour lui laisser la liberté de goûter les éphémères plaisirs de la société auxquels il s'adonnait, muni d'un cigare et d'un verre de whisky, avec la volupté naturelle d'un chat assis devant le feu.

D'un certain point de vue, qu'il avait défini avec la précision d'un dessin, il était résolument loyal et fiable. Il ne manquait jamais d'aller voir sa mère et ses tantes une fois tous les quinze jours, de rendre visite à de vieux amis malades ou dans le besoin, de répondre à une lettre, de se montrer courtois avec les jeunes et ce, avec une éblouissante désinvolture comme si, une fois remplie sa véritable tâche, il était libre comme l'air de faire le reste de bonne grâce. Et pourtant, même Vanessa sentait qu'elle ne pouvait ni ne devait lui imposer quoi que ce fût. Je suis sûre qu'au fond d'elle-même, elle redoutait qu'il ne fuie. Elle était prise dans les filets des tâches domestiques mais Duncan se contentait de rôder à côté, tant que cela l'arrangeait et à condition de pouvoir s'envoler pour d'autres mondes quand il en éprouvait le besoin. Sachant cela, Vanessa faisait le maximum pour lui éviter tout dérangement, avec cet effet pervers que Duncan regrettait souvent les distractions dont elle avait voulu le préserver. Il était éminemment sociable, alors qu'elle ne l'était pas ; il adorait les personnalités, les visages nouveaux, alors que Vanessa les trouvait dérangeants et se drapait dans cette politesse formelle qui lui avait été inculquée dès l'enfance, qui la cachait comme un pardessus et la protégeait des sables mouvants de l'inconnu. Pour préserver la tranquillité de Duncan, elle avait refusé que le nom de Bell fût dans l'annuaire, mais en fait c'était autant pour elle que pour lui. En feuilletant les nombreux petits agendas qui jusque récemment se trouvaient à Charleston, on ne peut que sympathiser : vu le nombre de visiteurs qui venaient à la maison, elle menait visiblement une bataille perdue et, à cet égard, la somme de travail accomplie par elle et Duncan est étonnante. Les Stephen avaient la réputation d'avoir été, congénitalement, des fous de travail ; Duncan l'était aussi, mais sans la tension concomitante.

Dans mon enfance, je pris Duncan comme il était mais, vers l'âge de seize ans, je commençai à comprendre que c'était un homme singulier qui ne ressemblait à nul autre. Avec la fougue de l'adolescence, je tombai amoureuse de lui et me mis à l'adorer : il était parfait, il ne pouvait pas se tromper. Ses qualités, bien qu'apparemment négatives, étaient inhabituelles et vitales. Il ne demandait, n'exigeait jamais d'amour et quand on lui en donnait, il l'acceptait avec naturel et dignité. Il n'était pas non plus répressif ni didactique. Quand il nous donnait des conseils, c'était avec l'air de dire gentiment « fais-en ce que tu veux », ce qui nous laissait libres de les écouter ou non, si bien que, même lorsque je ne les ai pas suivis, je ne les ai pas oubliés. Un jour que nous parlions de théâtre, je me vantai de pouvoir masquer mon manque de mémoire en improvisant. Il me demanda si je ne trouverais pas mieux de me mettre en situation d'éviter ce genre de défaillance, me révélant ainsi une autre façon de penser qui se fixa dans ma mémoire, surtout quand je compris le mal qu'il se donnait, les souffrances que lui coûtait tout ce qu'il faisait. Bien sûr, il ne s'arrachait pas les cheveux, ne hurlait pas d'angoisse, sinon pour nous taquiner, mais il reprenait son travail encore et encore, tant qu'il l'estimait nécessaire. Il était aussi capable de reconnaître un échec. Je me souviens que, sur le tard, une femme lui demanda de faire le portrait de son défunt mari. Après bien des essais et des erreurs, il se retrouva dans une impasse et, non sans appréhension, il me donna son tableau et une photographie du mort en me priant de le faire pour lui ! Le résultat fut déplorable : dès qu'elle le vit, la veuve déçue tourna le tableau contre le mur. Je me promis de ne jamais plus recommencer ce genre d'expérience mais Duncan, lui, fut tout simplement soulagé de voir que cette impossible situation avait trouvé une issue.

Une de ses maximes favorites était qu'il ne faut jamais avoir honte, une leçon apprise, je m'en souviens, dans un droshki à Rome, en retournant à l'atelier après une soirée passée à bavarder au café Greco. J'ai oublié la raison de ma honte mais je me rappelle le conseil de Duncan, surtout parce qu'il paraissait impossible à suivre ; mais lui, je crois, l'aurait pu, car il avait compris très tôt que la sincérité donne la clé de la paix de l'esprit. Il serait tentant de dire que Duncan ne déguisait jamais rien, que c'était le plus limpide, le plus franc des caractères mais, quand j'y réfléchis, je n'en suis plus aussi sûre. Bien qu'il semblât aussi innocent et candide qu'un enfant, un sourire malin et malicieux passait parfois sur son visage, trahissant une intime connaissance des faiblesses et défauts d'autrui que, généralement, il gardait pour lui.

Pour moi, c'était un soulagement extraordinaire qu'il pût rester insensible aux terribles réticences de Vanessa, à son penchant pour l'autocritique qui l'empêchait généralement de se laisser aller à un plaisir spontané. Duncan était la seule personne capable de la convaincre de vivre un peu dans le présent, de savourer avec sensualité une rare cigarette ou une tasse de café en lâchant quelque pique qui éclairait ses arrière-pensées. Entièrement dévoués l'un à l'autre comme ils l'étaient, il peut sembler impossible qu'après tout ce temps passé ensemble, ils n'aient pas déteint l'un sur l'autre, comme la cire d'un cachet qui dégoutte laisse une trace inattendue. Paradoxalement, Duncan évita en partie cette imprégnation parce qu'il se reposait entièrement sur Vanessa, la métamorphosant en oracle aux jugements définitifs, en dehors et au-dessus, par conséquent, des rapports humains ordinaires. S'il fut donc capable de se protéger par un mélange de franchise et d'innocence, Vanessa, elle, souffrit qu'il fît toujours appel à sa sagesse supérieure, même si elle semblait vouloir tenir sur ses épaules tout le poids de la famille et de l'art. Se sentant piégée, manquant au fond de confiance en soi, elle cherchait constamment à être rassurée, surtout sur ses tableaux qu'elle ne cessait de dénigrer au profit de ceux de Duncan. Heureusement la vanité, pas plus d'ailleurs qu'aucun sentiment d'infériorité, ne l'affecta jamais. Peu enclin à analyser l'état d'esprit d'autrui, il ne pouvait pas beaucoup aider Vanessa et, au bout d'un moment, leur relation se cantonna dans la routine de l'admiration réciproque.

Après la mort de Vanessa, Duncan se sentit abandonné. Personne d'autre ne pouvait lui donner ce sentiment de sécurité, personne n'avait cette incomparable intégrité qu'il appréciait par-dessus tout. Ce n'est pas la maîtresse ou l'épouse qui lui manquait mais la camarade de travail alliée à la pythie — une statue primitive avec son sourire sculpté de tolérance et de compréhension sans bornes. Le personnage, en littérature, qui s'approche le plus de l'image de Vanessa est Dorothea dans *Middlemarch*, de George Eliot, maternel mais aussi exalté que la Vierge Marie, bien différent, étrangement, des femmes voluptueuses que Duncan idéalisait dans sa peinture.

À sa manière calme et sans ostentation, Duncan était très courageux. Il dut être dérouté de se retrouver exposé sans protection mais il n'était pas du genre à s'effondrer ni, me semble-t-il, à s'apitoyer sur son sort. Il attendit de voir ce qui se passerait et, comme il l'avait pressenti, des amis se présentèrent, ainsi Lindy Guinness[1] et Richard Shone[2], plus jeunes d'une génération et annonciateurs d'une multitude d'autres qui lui permirent, grâce à l'extraordinaire souplesse de son tempérament, de voir la vie avec une gaieté et un intérêt nouveaux. Que des jeunes aient été les premiers à remettre son œuvre à l'honneur, alors qu'elle était méconnue et oubliée, n'est pas étonnant. Quand ils s'aperçurent que, loin d'être mort et enterré, c'était un homme vivant et toujours actif, ils s'empressèrent de répondre à sa sympathie naturelle, à sa spontanéité, à son exquis sens de l'humour, avec étonnement et ravissement : était-il possible qu'un vieux monsieur de quatre-vingts ans soit si jeune et, en même temps, si avisé ?

---

1. Lindy Guinness, maintenant marquise de Dufferin et Ava, peintre de talent, avait vingt et un ans quand elle fit la connaissance de Duncan, dont elle devint une amie fidèle et très aimée. (*N.d.A.*)

2. Richard Shone et Duncan s'étaient connus à l'école. Il devint un de ses amis intimes et est aujourd'hui connu comme un des spécialistes de l'art de Bloomsbury, sujet de son premier livre, *Bloomsbury Portraits*, publié en 1976 aux éditions Phaidon. (*N.d.A.*)

IX

L'anniversaire

Ses mains presque transparentes, bleuies par le froid du grand âge, reposent sur le couvre-lit, le bout des doigts joints comme dans une prière bouddhiste. Elles ne peuvent plus maintenant danser d'éloquentes arabesques, une cigarette entre l'index et le majeur. Au lieu de décrire avec grâce, elles acquiescent passivement — les mains d'un tombeau d'albâtre. Son visage a la couleur de la nacre, le nez affirmant toujours son robuste dessin XVIIIe. Sur sa belle chevelure argentée, un bonnet tricoté en laines de plusieurs couleurs ; ses pieds dépassent sous la couverture, enfilés dans des chaussettes à rayures. Sur l'un d'eux, est perché un canari qu'il regarde peut-être. Il regarde de biais, on ne sait pas.

Quelqu'un passe dans le couloir, jette un rapide coup d'œil pour voir si tout va bien avant de descendre, laissant entrer les voix des enfants. « Est-ce que je... Oh, pourrions-nous le voir ? Juste pour dire bonjour ? Après tout, on est chez nous. Nous voulons lui souhaiter la bienvenue. » Puis une autre voix, ferme, apaisante : « Il faut attendre un peu. Il dort pour le moment... Plus tard, plus tard. » Le tumulte des voix, la course des petits pieds énergiques, si certains d'être bien accueillis, sont brusquement étouffés par un claquement de porte.

Mais le canari avait été dérangé. Il s'envola sur le sommet du caoutchouc, le jaune de ses ailes reflété un instant au plafond. Les yeux du vieil homme ne le suivirent pas mais bientôt le retrouvèrent perché sur son autre pied. Il soupira, de plaisir ou d'autre chose, difficile à dire.

Il y avait un fauteuil roulant dans un coin de la pièce, une petite table avec un bloc de papier d'aquarelles, quelques pinceaux, des tubes de peinture et un gobelet d'eau. Une petite toile en chantier, un début, quelques taches de rouge et de bleu, quelques bavures de couleur. Un essai, mais on devinait, derrière, un projet ferme. Partout sur les murs, des tableaux, plus serrés encore dans les coins. Des plantes, des tableaux — et des livres sur des étagères en verre, soignés, rangés.

Le canari reprit son vol et se posa sur un des rayonnages, lâchant sa blanche fiente liquide sur une table, au-dessous. Rien d'autre ne bougea. Il n'y avait aucun bruit. Un silence comme il y en a peut-être sur la Lune. Mais il ne faisait pas froid dans la pièce, elle était pleine de chaleur et d'affection. Elle attendait ; elle attendait quelque chose qui n'était pas encore clair.

Sur le lit, il remuait à peine ; parfois dormant, parfois clignant ses yeux bleu pâle, autrefois si grands, si ronds. Maintenant on ne savait plus vraiment ce qu'ils voyaient, jusqu'où, comment, et l'on pouvait imaginer que, pour lui, le monde était une agrégation de points bleus, rouges et jaunes, filant, coulant ensemble, comme les veines d'un papier marbré. Soudain les paupières, un peu collées par les sécrétions de la vieillesse, s'ouvrirent : le canari s'était mis à chanter. Il gazouillait, sifflotait et lançait des cascades de notes imprévisibles, porté, en une extase soudaine, vers quelque chose d'inconnaissable. Cela plut visiblement au vieux bonhomme sur le lit. Il leva le bout de ses doigts joints en une petite cime et tourna légèrement la tête vers le bruit. Mais l'oiseau était hors de vue, derrière une feuille de l'abutilon, devant la fenêtre en saillie. Peut-être était-ce l'apparition soudaine d'un pâle soleil qui l'avait mis en joie.

Le jour diminuait. Il y eut un bruit de pas décidés, le cliquetis des tasses et des soucoupes, réconfortant présage de l'heure du thé. La porte s'ouvrit et Swallow, son ami, entra avec un plateau chargé de la théière et des tasses. « Comment ça va, Mischa ? Veux-tu du thé ? » Il posa le plateau sur une chaise, saisit le vieil homme par les aisselles et l'assit contre ses oreillers, comme Petrouchka. Mais Petrouchka sourit : « Du whisky, peut-être ? » suggéra-t-il d'un ton interrogateur. Swallow rit.

« Mischa, vieux filou, j'en mettrai dans ton thé. Ça fera un Irish tea, tu vas aimer. » Mischa rit doucement, malicieusement, pendant que Swallow versait le whisky et plaçait la tasse dans sa main. Mais ses doigts n'avaient pas assez de force pour la tenir. Le liquide se renversa sur le drap. « Mon Dieu », se lamenta-t-il sans y croire. « Ce n'est pas grave », ajouta-t-il sans y croire davantage. Swallow épongea sommairement le liquide puis porta la tasse aux lèvres de Mischa, qui souffla sur le thé au lieu de l'avaler et rit encore de cet insuccès. « Mischa, aspire ! » dit Swallow avec autorité. Il aspira donc, attrapant le truc assez vite. Le whisky, ce qu'il en restait, coula comme un régal. Il s'adossa à ses oreillers et soupira encore de quiétude et de satisfaction.

« Et qu'est-ce qu'il va se passer après ? » demanda-t-il comme saisi d'une pensée surgie du néant. « Mischa, tu le sais très bien : on fête ton anniversaire, ce soir. Il va y avoir du monde. Nettie a préparé des plats merveilleux. — Oh, j'avais oublié !... Alors, il va falloir que je m'habille et que je fasse la conversation ? — Oui, mais ne t'inquiète pas. Je t'habillerai. Et tu sais très bien t'y prendre avec les gens. » Mischa se radossa à ses oreillers, se demandant s'il en serait capable. Il savait qu'il était devenu quelqu'un d'autre mais il savait aussi que personne ne pouvait le comprendre. C'était trop compliqué.

Plus tard, les enfants entrèrent, se bousculant timidement à la porte, tout excités car ils n'avaient pas encore vu ce vieux monsieur qui était venu s'installer chez eux. Qu'est-ce que cela changerait dans leur vie ? Mischa s'intéressait à la scène. Il distingua une fillette maigre, ses nattes blondes aux reflets verdâtres pendant, inertes, dans son dos. Bien entendu, la race des petites filles n'avait pas changé en quatre-vingts ans. Des pieds remuants avec des socquettes blanches ; au-dessus, des genoux noueux, ignorant leur ressemblance avec ceux des poneys qui tremblent dans les prés. Mischa tendit la main avec douceur comme pour signifier toute son amitié. Le geste sembla les surprendre ou les intimider, et leur désir de l'éclabousser de leur joie de vivre fut momentanément paralysé. La fillette toucha ses doigts poliment puis resta debout devant lui, avec un pâle sourire gêné, tandis que les deux petits garçons le regardaient, étonnés et muets. Le canari, pour être aussi de la partie, faillit les faire rire en se posant sur une des petites épaules. Mais Swallow les chassa en marmonnant un vague·prétexte — des devoirs à faire, l'heure d'aller se coucher — et ils sortirent avec soulagement. Mischa fut plutôt déçu. Était-il trop vieux pour ces rencontres ?

« Oh, pensa-t-il, autrefois j'étais comme eux, mais sans frère ni sœur, un petit garçon solitaire. J'avais ma nounou, mon ayah que j'aimais et je n'avais besoin de personne d'autre, au fond. Elle était si calme, aucun ego, simplement le désir d'être tout pour moi. Ce serait bien qu'elle soit là, maintenant. Quand on m'a renvoyé dans mon pays, à l'âge de sept ans, j'ai pleuré et elle aussi. Je ne me souviens que de la blancheur de toutes choses, du linge qu'elle lavait surtout ; de toutes ces nuances de blanc sur les murs et de la robe en velours de ma mère, celle qu'elle mettait pour les réceptions. » Il semblait flotter sur ces vastes contrées, l'Inde, la Birmanie, nimbées par l'Himalaya où un ours avait dévoré sa tante. Comme ses amis riaient quand il racontait cette histoire qui n'avait rien d'extraordinaire pourtant, sinon ce fait bizarre, surréaliste, qu'elle avait été emportée et probablement dévorée ! L'obscurité gagnait. Quelqu'un entra pour fermer les volets ; le temps passa, exorbitant, démesuré, vide. Swallow, venu l'habiller pour la fête, le réveilla.

Il était assis dans son fauteuil roulant, son bonnet arc-en-ciel toujours sur la tête, un complet sombre cachant ses os, un plaid lui couvrant les genoux. Ses mains, plus fermes maintenant, tenaient un verre de whisky avec des glaçons. Il était entouré d'un petit groupe de gens qui parlaient plus entre eux qu'avec lui, plaisantaient, riaient. Il les regardait avec un absolu détachement, comme s'il était assis au sommet d'une montagne et qu'eux, en bas, dans la vallée, fussent en train de jouer à quelque chose. Parfois, il faisait une remarque qui amusait beaucoup, ça lui faisait plaisir mais il avait l'impression que les rires n'avaient pas grand-chose à voir avec ce qu'il venait de dire. Il tourna les yeux vers le monde flou, à l'autre bout de la pièce. « Qui est-ce, là-bas ? demanda-t-il. — Oh, elle ! dit un ami après avoir discrètement tourné la tête. Tu ne reconnais pas Isabel ? — Ah, Isabel, dit Mischa d'un ton soulagé. La dernière fois que je l'ai vue, elle était assise nue sur une pierre. » Les gloussements l'étonnèrent. Il continua. « Au bord de la piscine. Je lui ai donné un bonbon à la menthe. Je me disais que cela pourrait faire fuir les mouches. Maintenant, bien sûr, elle est très différente ; elle a beaucoup changé ces derniers temps. » Il s'ensuivit une conversation animée, presque une dispute. Tout le monde avait bien l'impression qu'Isabel avait changé, mais comment ? Et c'était si étonnant que Mischa, si âgé, vivant loin de tout, l'ait remarqué.

Des personnes s'approchèrent, d'autres, pleines de tact, changèrent de place. De vieux amis surgirent comme par magie, les conversations glissaient, s'enchaînaient, semblant même poursuivre des discussions vieilles de plusieurs années. Plus de trous, plus d'écartèlements, juste un flot continu.

On apporta la nourriture. Leurs assiettes sur les genoux, les gens rattrapaient la fourchette de Mischa avant qu'elle ne tombe, essuyaient sa bouche avec une serviette en papier, remplissaient son verre puis le replaçaient entre ses doigts fragiles. Son visage s'illuminait d'un sourire de plus en plus serein, au fur et à mesure qu'il faisait moins d'efforts pour suivre les phrases, en dehors, bien qu'au centre, de ce qu'il se passait.

Il y avait tant de monde, maintenant, la pièce était pleine. Des groupes se formaient, les timbres de voix se faisaient plus forts, plus profonds, plus riches. Les femmes, certaines très belles, étaient calmes, douces, les hommes un peu plus ronflants, mais tout était très convenable. À table, un groupe parlait de Mischa. « Pourquoi, au fond, ne ferait-il pas ce qu'il lui plaît ? À son âge — quatre-vingt-treize, c'est bien ça ? — il n'y a plus rien à craindre. Il aime encore la vie. Swallow l'a amené à la National Gallery l'autre jour. Qu'il meure en regardant un Cézanne, que peut-on souhaiter de mieux ? » C'était énoncé avec tant de clarté et de bon sens, que tous tombèrent d'accord : Mischa, qui avait été libre comme l'air toute sa vie, ne devait pas maintenant être contrarié, entravé. Un mécanisme intérieur délicat — comme un signal de danger qui se déclenche en cas de surchauffe — lui permettait de ne pas s'enfermer là où il n'avait pas envie d'être. Une seule chose comptait, la peinture ; les êtres humains, c'était un jeu, un amusement, une pièce de théâtre. Que les acteurs pensent, fassent l'amour ou se disputent, la scène se passait de l'autre côté de la rampe et lui, il regardait, sans comprendre toujours, mais toujours fasciné. Parfois, d'ailleurs, il comprenait plus qu'on ne l'imaginait, faisant une ou deux remarques perspicaces qui étaient comme un choc pour ceux qui ne voyaient en lui qu'un être chéri.

Il était donc naturel que la conversation ne prît pas un tour grave ni profond mais qu'il y eût beaucoup de rires pour fêter son anniversaire — probablement le dernier. L'adage « la vraie noblesse est celle du cœur » prenait son sens. Et quand Swallow le roula doucement jusqu'à son lit, c'était comme si un yogi traversait, à hauteur d'épaule, une foule silencieuse qui le saluait pour la dernière fois.

Lorsque vint le matin, il était éveillé, calme et sans autre besoin que de se laisser aller. Entrant avec le café, plus tard que d'habitude, Swallow le trouva tout à fait lucide. « Ethel vient aujourd'hui, n'est-ce pas ? dit-il. — Pas Ethel mais Emily, corrigea Swallow, habitué à ce genre de confusion entre générations. — Oui, je voulais dire Emily. Quand arrive-t-elle ? — Cet après-midi, je crois », dit Swallow.

Mais quand Emily arriva, qui aurait dû venir à la fête d'anniversaire mais n'y était pas, Mischa était incapable de parler. Une légère infection lui avait pris la poitrine. Il reposait comme avant, presque aussi frêle qu'une tige de plante, sous la couverture, et le canari, peu habitué à la compagnie, voletait ici et là. Emily s'assit sur le rocking-chair, incapable, pour de mauvaises raisons, de bavarder. Il avait une main trop fragile pour qu'elle la lui tienne, un air trop lointain pour qu'elle l'embrasse. Sentant que c'était la dernière fois, elle chercha à susciter une réaction mais y renonça, se rendant compte que son regard était trop lourd pour lui. Elle se contenta donc de laisser Swallow parler, étrangement, du futur et de la mort. Elle resta peut-être une heure. Il était inutile de prolonger, elle avait une longue route à faire, mais il lui semblait pourtant impossible de retourner dans la maison où elle avait vécu avec

Mischa et qui ne le reverrait jamais ; elle ne pourrait que tourner en rond. Une colonne de granite poussait en elle, bloquant toutes les issues, empêchant tout mouvement, toute parole. Elle le regarda et vit qu'il était déjà à moitié parti dans l'autre monde. Ce qui restait de lui n'était rien de plus qu'une feuille séchée. Elle se leva, se pencha sur son lit et, ébahie, elle entendit une petite voix claire lui dire : « Rentre, ma chère. » Elle partit donc.

Dans la pièce, quand Swallow sortit, le silence grandit. On aurait dit une bulle sur le point d'éclater, de se dissoudre en une petite brume irisée. La tension se maintint encore un peu, la respiration continua quelque temps. Mais le soir, quand Swallow revint, tout avait cessé. Il ne restait plus rien, rien, en tout cas, qui eût de l'importance.

Le Promeneur a publié

J.R. Ackerley
Tout le bien du monde

Peter Ackroyd
Chatterton
L'Architecte assassin
Premières lueurs
La Mélodie d'Albion
La Maison du docteur Dee

Anonyme
Véritable vie privée du Maréchal de Richelieu

Alberto Arbasino
Paris, ô Paris

Sybille Bedford
Puzzle
Un héritage

Piero Camporesi
La sève de la vie
Les belles contrées

André Chastel
La grottesque

Peter Clayton et Martin Price
Les Sept Merveilles du monde

Giovanni Comisso
Jeux d'enfance
Les ambassadeurs vénitiens
Les agents secrets de Venise
Au vent de l'Adriatique

Giovanni Macchia
Le Théâtre de la dissimulation
Éloge de la lumière

Giorgio Manganelli
Le bruit subtil de la prose
La Nuit
Le Marécage définitif

Pierre Maréchaux
Énigmes romaines

Patrick Mauriès (éd.)
Les gays savoirs
Vies remarquables de Vivant Denon

Patrick Mauriès et Christian Lacroix
Styles d'aujourd'hui

Luigi Meneghello
Colin-maillard

Alain Mérot
Retraites mondaines

Carlo Mollino
Polaroïds

Charles Monselet
La cuisinière poétique

Aldo Palazzeschi
Les Sœurs Materassi
Un prince romain
La Conversation de la comtesse Maria
Allégorie de novembre
Liens secrets

Erwin Panofsky
Les antécédents idéologiques de la calandre Rolls-Royce
Trois essais sur le style

Christine Peltre
L'atelier du voyage

Mario Praz
Goût néoclassique
Une voix derrière la scène

Gerard Reve
Parents soucieux

s❧

Fujiwara no Sukefusa
Notes de l'hiver 1039

Louis Fürnberg
Rencontre à Weimar

Galien
De la bile noire

Jean Genet
Lettres au petit Franz

Edward Gorey
Le Grenier pentu suivi de *La Harpe sans corde sensible*
La Chauve-Souris Dorée suivi de *La Visitation irrespectueuse*
L'Aspic Bleu
L'Invité Douteux
La Bicyclette Épileptique
Le Curieux Sofa
Le Chien Méfiant
L'Autre Statue
La Visite Mémorable

Baltasar Gracián
Le Héros

Pierre Herbart
Souvenirs imaginaires
La Licorne
L'Âge d'or
Textes retrouvés
Alcyon
À la recherche d'André Gide
Contre-ordre
On demande des déclassés

Jean-Yves Jouannais
Armand Silvestre, poète modique

Pierre Le-Tan
Carnet tangérois
Carnet des années Pop

Li Yi-Chan
Notes

Marguerite de Lubert
Tecserion ou Le prince des Autruches

Gérard Macé
Colportage I

Denis Roques (éd.)
Tombeaux grecs

Alberto Savinio
Les Rejets électifs

Sénèque et saint Paul
Lettres

Mario Soldati
La fenêtre
La veste verte
Le père des orphelins

Robert Louis Stevenson
Charles d'Orléans

Adrian Stokes
Venise

Lytton Strachey
Scènes de conversation
Cinq excentriques anglais
La douceur de vivre

Straton de Sardes
La muse adolescente

Tertullien
Du sommeil, des songes, de la mort

Évrard Titon du Tillet
Vies des Musiciens et autres Joueurs d'instruments
    du règne de Louis le Grand

Line Vautrin
Rébus

Gabrielle de Villeneuve
La Belle et la Bête

Dominique Vivant Denon
Pages d'un journal de voyage en Italie

Voltaire
Vie de Molière avec de petits sommaires de ses pièces

ss

Hors commerce :

Jane Austen
L'Histoire d'Angleterre, 1988

Thomas De Quincey
La Tragédie grecque, 1989

Valery Larbaud
Pages arrachées à un journal de route, 1990

Marcel Schwob
Deux contes latins, 1997

Composition Nord Compo.
Reproduit et achevé d'imprimer
par l'Imprimerie Floch
à Mayenne, le 17 avril 2001.
Dépôt légal : avril 2001.
Numéro d'imprimeur : 51369.

ISBN 2-07-075957-1 / Imprimé en France.

97057